Dackel

Marianne Wein-Gysae

Dackel

Auswahl · Haltung · Erziehung · Pflege

FALKEN

Inhaltsverzeichnis

Wichtiges auf einen Blick

Vorwort

Im Gegensatz zu allen anderen Haustieren ist der Hund ein voll integriertes Mitglied der Familie. Er lebt nicht in einem Gehege, er geht nicht seiner Wege, sondern er begleitet uns sein ganzes Leben lang, egal wohin wir gehen. Er nimmt – soweit möglich – an unserem Arbeitsalltag teil und ist (oft) Mittelpunkt unserer Freizeit.

Entsprechend sind die Erwartungen, die jeder, der einen Hund in die Familie aufzunehmen plant, gegenüber dem neuen Mitbewohner hegt. Gleichgültig ob es sich dabei um den Welpen einer bestimmten Rasse oder um einen älteren Mischling aus dem Tierheim handelt: Einige Wochen lang wird sich das Interesse seines neuen Herrchens nur auf ihn konzentrieren. Danach sollte er die gewünschten Spielregeln kennen und sich entsprechend benehmen. Und genau das wird er auch tun, vorausgesetzt, er weiß, welche individuellen Anforderungen an ihn gestellt werden, und lernt, was er tun soll und was er nicht tun darf. Der sicherste Weg zu so einem ganz persönlichen Traumhund ist eine tiefe und auch geregelte Beziehung zwischen dem Hund und seinem Menschen, die eine Erziehung erst möglich macht. Dieses Buch soll Ihnen helfen, das richtige Vertrauensverhältnis zu Ihrem Hund aufzubauen, ihnen die Regeln für das Zusammenleben mit Ihnen zu vermitteln und eventuelles Fehlverhalten wieder zu korrigieren.

Die Herkunft

Dackel, Teckel, Dachshund – das sind Namen für ein und dieselbe Rasse, die sich in der Literatur schon früh nachweisen läßt. Bereits Ende des 17. Jahrhunderts werden die „Dachskriecher" neben Biber- und Fischotterhunden als eine „sonderliche und niedrige, schlimmbeinige" Art erwähnt. Von Hohberg beschreibt 1701 die Dachshunde als „von niedriger Statur, langem, schwachem Leib, etwas gebogenen Füßlein und in den Farben von Grau bis Schwarz". 1719 berichtet der damals berühmte Jagdschriftsteller Hans Friedrich Freiherr von Flemming von „kleinen Erd-Hündlein als Schliefer oder Kriecher, die so zu ihrem besseren Fortkommen klein, lang und schmal vom Leibe, mit niedrigen, etwas eingebogenen Füßlein versehen sind. Diese Zwergart ist meistenteils von Farben Rot oder Schwärzlich, mit behangenen Ohren, fast dem Jagdhund ähnlich, nur daß sie kleiner als Zwerge sein".

Woher stammt der Dachshund?

Er hat sich aus der dackelähnlichen, aber hochläufigen Rasse der Bracken entwickelt, der man Wachtelhunde, Spaniels und Dandie Dinmont Terrier als Zuchtpartner zuführte. Diese Dachshunde, deren Läufe durch Mutation verkürzt waren, fanden überwiegend als Erdhunde Verwendung. Die Behaarungsart reichte vom Kurz- über Rauh- bis zum Langhaar. Die am häufigsten genannten Farben waren Bräunlich und Schwarz mit gelben Abzeichen. Die rote Farbe wurde vom

Dachshunde bei der Arbeit, aus „La Vénerie du Jacques du Fouilloux" (1561)

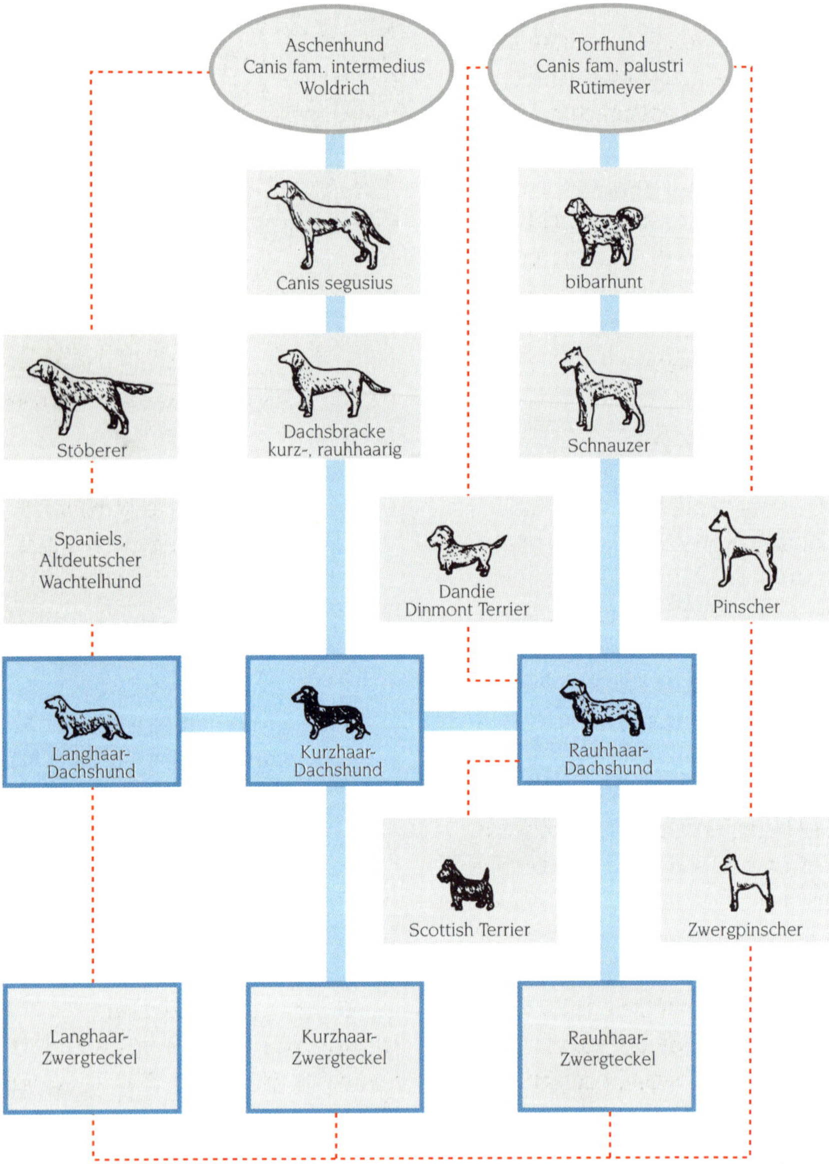

So könnte die Dachshundfamilie entstanden sein

Förster W. van Daake im Harz durch Einkreuzung von Schweißhunden in seine Kurzhaarteckel gezüchtet.
Alle diese Taxel entsprachen jeweils den Ansprüchen der unterschiedlichen Standorte: So legte man im Hoch- und Mittelgebirge mehr Wert auf einen robusten, stärkeren und größeren Teckel als in den Niederwildrevieren der Ebene, wo ein zierlicher und kleinerer Hund gewünscht wurde.

Zwei rote typische Kurzhaarteckel

Der Kurzhaarteckel

Der schwarzrote Kurzhaarteckel, der sogenannte Försterhund oder auch „Kaiserdackel", ist die Urform des Teckels. Auch die *roten* Kurzhaarteckel waren recht verbreitet; vereinzelt gab es *getigerte,* die in der Mehrzahl von den schwarzroten Teckeln abstammten.
Der Kurzhaarteckel, der einst dominiert hatte, fiel dem Modetrend zugunsten des Langhaars und vor allem zugunsten des Rauhhaarteckels zum Opfer. Bei allen drei Haararten findet man sehr gute Jagdhunde.
Als im Jahre 1888 der Deutsche Teckelklub gegründet wurde und 1890 das erste Stammbuch erschien, wurden 386 Kurzhaar-, drei Rauhhaar- und fünf Langhaarteckel registriert. 1992 wurden beim DTK 737 Kurzhaar-, 10295 Rauhhaar- und 2854 Langhaarteckel eingetragen. 1994 liegen die Zahlen etwa gleich.

Der Rauhhaarteckel

Er entstand wohl aus dem sogenannten Biberhund, einem rauhhaarigen Niederlaufhund, in den man zunächst Schnauzer und später den englischen kleinen, sehr scharfen Dandie Dinmont Terrier einkreuzte. Häufig findet man heute noch bei den Rauhhaarteckeln einzelne Hunde, aber auch ganze Linien, die das längere, vor allem aber das weiche Kopfhaar der Dandie Dinmonts aufweisen.
Die Kopfform der Rauhhaarteckel ist anders als die der Kurzhaar- und der Langhaarteckel. Durch die Schnauzer- und Terriereinkreuzung wirkt der Kopf rechteckig.

Ein dunkelsaufarbener Rauhhaarteckel

Schwarzrote Kurzhaareltern mit ihrem Nachwuchs

Das Haar dieser Teckelart soll nicht zu lang, aber dicht und harsch (drahtig, hart) sein. Zum richtigen Rauhhaar gehört ein guter, nicht zu übersehender Bart.

Der Langhaarteckel

Er ist aus den gleichen Vorfahren gezogen wie der Kurzhaarteckel. Man hat die langhaarigen Niederlaufhunde mit Spaniels und den alten deutschen Stöberhunden (Altdeutschen Wachtelhunden) gekreuzt und erhielt langhaarige schwarzrote, passioniert stöbernde Teckel. Die ersten bekannten Langhaarteckel sind wohl die „Wöbkesche Rasse", 1809 nach dem Förster Wöbke benannt. Etwa 1900 erschienen die ersten roten Langhaarteckel, die häufig Kurzhaarteckel unter ihren Vorfahren aufwiesen.

Zwerg- und Kaninchenteckel

Diese Dackel wurden zum Jagen von Füchsen und Kaninchen gezüchtet. Zunächst kreuzte man Teckel vom Normalschlag und ging dann zur Reinzucht mit Schwerpunkt Kleinheit über. Anschließend kreuzte man Pinscher und kleine Terrier ein und erreichte so Schärfe; diese kleinen Teckel wurden in den Gebrauchsteckelklub aufgenommen.
Heute findet man leider die Zwerg- und vor allem die Kaninchenteckel relativ selten im Jagdgebrauch.

Kleines Rasseporträt

Der Rassestandard

Unabhängig von ihrem Haarkleid schreibt der Rassestandard für alle Teckelarten den gleichen Körperbau (s. auch Zeichnung unten) vor.

Der Kurzhaarteckel

Er ist ein edler Hund mit kurzem, dichtem, am ganzen Körper anliegendem Haar. Die am häufigsten auftretende Haarfarbe ist ein Rot, wobei der Hund eine dunkle Nase sowie dunkle Krallen und Augen hat. Dieses Rot variiert von einem dunklen Hirschrot bis zu einem sehr hellen, fast gelblichen Rot, gelegentlich auch mit einer dunklen Stichelung.
Als zweite Hauptfarbe kommt ein Schwarzrot vor. Diese Teckel sind tiefschwarz mit rotbraunen Flecken über den Augen, an der Brust vorn und unter dem Fang bis hin zum Ohr. Die Pfoten sind rotbraun und ebenso die Läufe bis zu halber Höhe, wobei auf den Zehen schwarze Flecken sein sollen. Die Unterseite der Rute ist vom Ansatz bis zur Hälfte rot. Schwarzrote Teckel mit zuviel – großflächigem – oder gar keinem Brand (so werden die roten Flecken genannt) wirken unedel, die Flecken

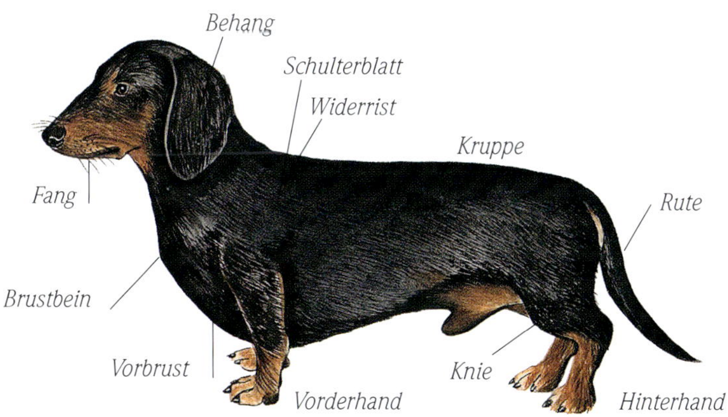

Standard Kurzhaarteckel

über den Augen sind das „Tüpfelchen auf dem i“.
Vereinzelt finden wir bei allen drei Haararten die Farben Schokoladenbraun, Getigert und Gestromt. Weiße Brustflecken kommen gelegentlich vor; sind sie klein, so fallen sie nicht auf oder verschwinden beim ausgewachsenen Hund. Kann man sie deutlich sehen, so sind sie – auch an den Pfoten und an der Rutenspitze – unerwünscht.

Kurzhaarhündin schwarzrot „Janosch Ulinka von Schlendrian“

Der Rauhhaarteckel

Die Behaarung beim Rauhhaarteckel sollte außer bei Bart und Augenbrauen anliegend sein. Das Haarkleid, auch Jacke genannt, ist harsch, länger als das Kurzhaar und weist eine dichte Unterwolle auf. Zu langes, zu weiches und zu struppiges Haar ist fehlerhaft, wie auch ein zu kurzes Haar unerwünscht ist.
Der Bart, die Augenbrauen und die Pfoten sollten längeres, harsches Haar haben.
Der Rauhhaardackel ist am häufigsten saufarben; sein Haar variiert von hell,

Standard Rauhhaarteckel

Ein typischer Rauhhaarteckel

fast silberfarben, bis dunkel mit einer Andeutung von Brand. Die zweite Hauptfarbe ist Schwarzrot, wie schon bei den Kurzhaarteckeln beschrieben. Schließlich kommen sie noch dürrlaubfarben vor, das heißt hellbraun bis weizenfarbig.

Der Langhaarteckel

Dieser Dackel hat seidenweiches, langes Haar. Unter dem Hals, an der ganzen Unterseite des Körpers, an den Behängen, an der Hinterseite der Läufe und an der Unterseite der Rute ist es verlängert. An der Rute weist das Haar eine besondere Länge auf, die Fahne. Das Haar soll glatt und glänzend sein. Gescheiteltes oder welliges, wie auch zu üppiges Haar, ist unerwünscht.

Langhaardackel sind meist rein rot. Die Färbung kann von kräftigem Dunkelrot – Hirschrot – bis zu sehr hellem Rot variieren. Auch ein Rot mit Deckhaar (schwarze Haare auf dem Rücken) ist anzutreffen. Die zweite Hauptfarbe der Langhaarteckel ist das bereits beschriebene Schwarzrot.

Standard Langhaarteckel

Wesen und Eigenschaften des Dackels

Der Komiker und Individualist unter den Hunden ist unbestritten der Teckel. Wer je die verschmitzten Züge eines fröhlichen Teckels, gleich welchen Alters, beobachten konnte, wird verstehen, weshalb er sich so großer Beliebtheit erfreut. Er ist ein intelligenter, munterer und eigenwilliger Hund, der sich sehr gut jeder Situation anzupassen weiß. So spürt er genau, wann es ratsam ist, sich in seinem Korb ruhig zu verhalten, oder wann er mit ausgelassenem Spiel sich und seine Umgebung beschäftigen darf. Mit instinktiver Sicherheit wird er die Schwachstellen seines Herrn im richtigen Augenblick erkennen, um seinen Willen durchzusetzen, und eh' Herrchen es richtig gewahr wird, ist das Ziel erreicht.

Alle diese Eigenschaften machen einen Teckel besonders liebenswert. Daß der Dackel auch ein sehr familienbezogener Hund ist, beweist er durch Treue seinen Menschen gegenüber und durch Wachsamkeit (siehe auch Seite 19). Außerdem hat er ein besonders gutes Verhältnis zu Kindern und übernimmt bei ihnen gern die Beschützerrolle (zum Thema Kind und Dackel siehe auch Seite 19 f.). Und er eignet sich für ältere und hier besonders für alleinstehende Menschen bestens als Gesellschafter, der den Lebensabend abwechslungsreich werden läßt (siehe auch Seite 21 f.).

Größen und Varietäten			
Größen	***Haararten***		
Brustumfang	***Kurzhaardackel***	***Rauhhaardackel***	***Langhaardackel***
bis 30 cm	Kurzhaarkaninchenteckel	Rauhhaarkaninchenteckel	Langhaarkaninchenteckel
30–35 cm	Kurzhaarzwergteckel	Rauhhaarzwergteckel	Langhaarzwergteckel
über 35 cm	Kurzhaar Standardteckel	Rauhhaar Standardteckel	Langhaar Standardteckel

Bei alledem darf man aber seine primäre Bestimmung als Jagdhund nicht vergessen. Der Teckel ist der kleinste und vielseitigste Jagdhund. Wie bereits erwähnt, waren seine Ahnen zunächst reine Bauhunde. Erst durch spätere Einkreuzung anderer Jagdhunderassen bekam er die typischen vielseitigen Jagdeigenschaften, die in der Übersicht auf Seite 16 näher erläutert werden.

Ein etwas feuchter Beweis der Zuneigung

Die wichtigsten Merkmale des Rassestandards

Kopf	langgestreckt, wenig Stirnabsatz
Gebiß	kräftig
Augen	oval, klar und dunkel
Behänge (Ohren)	lang, dicht an der Wange anliegend
Hals	gut bemuskelt, geht in einen stabilen Rücken über
Gebäude	stabiler Rücken, der harmonisch in die Rute übergeht; ausgeprägt
Brust	anliegende Schultern mit genügend Raum für ein kräftiges Herz und eine ebensolche Lunge; nach hinten lang aufgerippt; am Brustkorb fest
Vorderbeine	stabil, stehen fest auf geschlossenen Pfoten, ohne nach innen oder nach außen gebogen zu sein
Hinterhand	kräftig bemuskelt
Rute	wird leicht geschwungen getragen
Bodenabstand	soll ca. 1/3 bis 1/4 zur Widerristhöhe betragen

Hier das prägnante Profil eines typischen Kleinteckels, Rauhhaar

Der Teckel ist bei den Jägern aus mehreren Gründen beliebt:

- Er hat eine sehr gute Nase, viel Mut, ist intelligent und bei gutem Training ausdauernd.
- Er besitzt ein erhebliches Maß an Anpassungsfähigkeit.
- Er kann mit auf einen Hochsitz genommen werden, er paßt auf und nimmt das Wild häufig vor dem Jäger wahr.

Zwerg- und Kaninchenteckel finden darüber hinaus Verwendung bei der Kaninchenjagd. Diese sehr kleinen Hunde schliefen in die Kaninchenbaue und treiben das Kleinwild aus seiner Behausung heraus.

Die für den Jagdteckel wichtigsten Veranlagungen

Veranlagung	*Eigenschaft*	*Verwendung*
Spurlaut	der warmen Fährte oder Spur lauthals folgen	Stöbern
Schärfe	Wehrhaftigkeit bei der Arbeit am Wild	Arbeit unter der Erde und Stöbern in Dickungen
Nase	ausgeprägter Geruchssinn/ Feinnasigkeit	bei allen jagdlichen Arbeiten, insbesondere bei Nachsuchen auf der Rotfährte
Wesensstärke	Selbstsicherheit und Mut	bei jagdlichen Einsätzen und als Familienhund

Das sollten Sie vor dem Kauf bedenken

Den Wunsch, einen Hund zu besitzen, sollten Sie sich nicht impulsiv erfüllen, sondern es ist wichtig, daß Sie zunächst kritisch prüfen, ob Sie sich überhaupt zum Hundehalter eignen und ob Sie alle übrigen Voraussetzungen für die Tierhaltung erfüllen können:

◆ Besitzen Sie genug Einfühlungsvermögen und Disziplin, um den Hund artgerecht zu halten und zu erziehen?

◆ Haben Sie genügend Zeit, um sich intensiv mit dem Tier zu beschäftigen? Ein Hund ist schließlich ein Lebewesen und hat entsprechend ein Recht auf Fürsorge.

◆ Verfügen Sie über ausreichende räumliche Möglichkeiten für eine artgerechte Haltung?

Wichtig: Ein Teckel ist kein Zwingerhund; zwar machen bestimmte Situationen gelegentlich eine Unterbringung im Zwinger erforderlich, aber reine Zwingerhaltung ist für den Teckel abzulehnen. Dr. Engelmann schrieb in seinem Buch „Der Dachshund": „... der Zwinger ist das Grab der Intelligenz".

◆ Sind Sie bereit, auch die Unbequemlichkeiten und die Sorgen in Kauf zu nehmen, die mit dem Besitz eines Vierbeiners verbunden sind?

◆ Haben Sie sich bewußt gemacht, wieviel Kosten die Hundehaltung verursacht? Schließlich entstehen laufende finanzielle Belastungen durch Futter, Tierarzt (z. B. Impfungen), Steuer und Haftpflichtversicherung.

◆ Sind sämtliche Mitglieder Ihrer Familie mit der Anschaffung einverstanden?

Unser Tip

Haben Sie keine andere Möglichkeit, als Ihren Hund für die Zeit Ihres Urlaubs in einer Hundepension unterzubringen, so sollten Sie sich diese zuvor ansehen und sich nach dem Preis erkundigen.

◆ Haben Sie sich überlegt, was Sie mit dem Hund während der Urlaubszeit tun? Nach Möglichkeit sollten Sie ihn ja mitnehmen. Geht das aber nicht, so müssen Sie für eine geeignete Unterkunft sorgen.

Sind alle diese Überlegungen zugunsten eines Vierbeiners ausgefallen, stellt sich als nächstes die Frage:

Wofür und für wen ist der Hund bestimmt?

Als potentieller künftiger Dackelbesitzer sollten Sie schon vor dem Kauf wissen, welche Anforderungen Sie an Ihren neuen Hausgenossen stellen:

◆ Denken Sie primär daran, ihn als Jagdhund einzusetzen?

◆ Wollen Sie ihn als Familienhund, der zugleich auf Haus und Garten aufpaßt?

◆ Ist der Dackel vor allem als Spielkamerad für Ihre Kinder gedacht?

◆ Soll der Teckel Ihnen als alleinstehendem älteren Menschen den Lebensabend verschönern?

Egal, welches Ziel Sie im Auge haben, es gibt in jedem Fall verschiedenes zu bedenken:

Der Teckel als Familienhund, …
Seit eh und je hat sich der Dackel im Haus und in der Familie wohl gefühlt. Dabei ist seine Wachsamkeit nicht zu unterschätzen. Zwar vermag er aufgrund seiner geringen Größe keinen unerwünschten Besucher zu stellen, aber Hosen zerreißen und kräftig zubeißen kann er sehr gut. Außerdem kann er im Hochspringen eine Höhe von etwa 1,20 bis 1,50 m erreichen, um dort noch zuzufassen.

… als Spielkamerad, …
Als Partner zum Spielen ist der Dackel sehr beliebt, da er sich gelehrig zeigt – man kann ihm so manches Kunststück beibringen. Andererseits aber ist er für ein Kind oft das wichtigste Familienmitglied; er ist der Freund, dem man alle Erlebnisse erzählen und kleine und große Kümmernisse anvertrauen kann – er hört zu. Allein die Tatsache, daß es sich mit dem Hund in einen stillen Winkel zurückziehen kann, tröstet ein Kind sehr schnell.

Wichtig: Es gibt auch Kinder, die sich für den Umgang mit einem Hund weniger eignen, die ihn ärgern und ihn nicht als Familienmitglied akzeptieren. Dann ist die Anschaffung eines Vierbeiners sehr zu überlegen.

Die Hausgemeinschaft von Kleinkind bzw. Kind und Hund stellt auch aus hygienischer Sicht kein Problem dar, wenn man die natürlichen Grenzen zwischen Mensch und Tier einhält und einige Grundregeln beherzigt:

◆ Der Hund gehört regelmäßig entwurmt.

◆ Der Hund darf nicht mit dem Spielzeug des Kleinkindes spielen, und dieses darf wiederum nicht alles in den Mund stecken.

Unser Tip

Für Einzelkinder ist ein Hund oft ein guter Ausgleich für fehlende Geschwister. Einerseits haben sie die Freude mit dem Tier, andererseits aber lernen sie, Rücksicht zu nehmen, zu teilen und täglichen Pflichten nachzukommen.

Zwei, die sich gut verstehen; für fröhliche Spiele ist ein Teckel immer bereit

◆ Händewaschen vor dem Essen ist nicht nur gute Sitte, sondern ein notwendiges Gebot.

◆ Hunde lieben es, ausgelassen mit Kindern zu toben. Ziehen sie sich allerdings zurück und zeigen sie keine Lust mehr, dann sollte man sie auch wirklich in Ruhe lassen.

◆ Wenn ein Kind alt genug ist, dann sollte es Pflichten und damit auch Verantwortung für seinen Hund übernehmen. Dazu gehören das tägliche Ausgehen, Füttern und Pflegen sowie das gründliche Säubern des Lagers. Abgesehen vom erzieherischen Wert solcher Pflichten stärkt es das Selbstbewußtsein des Kindes ungemein, wenn es sagen kann: Dieser Hund gehört mir!

Wichtig: Wenn der Hund vor dem Kind in der Familie war, ist es wichtig, daß man ihm das Neugeborene gleich nach seiner Ankunft als neues Familienmitglied zeigt. Keinesfalls darf man ihn aus dem Haus verbannen. Er fühlt sich sonst zurückgesetzt, es entsteht Eifersucht, die sich später als Haß auf das Kind auswirken kann.

Unser Tip

Lassen Sie Ihr Kind an dem seit einigen Jahren von Zuchtverbänden und des VDH veranstalteten „Juniorhandling" teilnehmen. Dabei führen Kinder ihren Hund vor und werden mit ihm bewertet. So werden sie frühzeitig an die Natur und die Kreatur sowie an die damit verbundenen Aufgaben herangeführt.

... und als Gefährte älterer Menschen

Ein Hund hält jung! Er fordert zum Spiel auf, sei es mit dem Ball oder dem Stock, und zum Toben auf dem Boden. Vor allem verschafft er dem Besitzer jenes Maß an Bewegung, das im Alter erforderlich ist. Andererseits ist der Dackel so anpassungsfähig, daß er sich auch durchaus auf eine langsamere oder bedächtige Gangart seines Herrn einzustellen vermag. Und schließlich besitzt dieser Hund noch den Vorzug, Bekanntschaften mit anderen Hundebesitzern zu stiften.

Bei all diesen positiven Aspekten darf der ältere Mensch aber eines nicht außer acht lassen: Bei guter Pflege kann ein Teckel ein Alter von 12 und mehr Jahren erreichen und braucht natürlich auch dann noch entsprechende Betreuung und Zuwendung

und vor allem auch seinen gewohnten Auslauf. Was passiert aber, wenn Herrchen oder Frauchen zu gebrechlich geworden ist, wenn ein längerer Krankenhausaufenthalt notwendig wird oder sich womöglich die Übersiedlung in ein Altenheim als umumgänglich erweist? Dorthin dürfen normalerweise keine Tiere mitgenommen werden – wohin dann mit dem Hund? Damit er nicht womöglich auf seine alten Tage im Tierheim landet, sollte sich der verantwortungsvolle Halter beizeiten eine vor allem für seinen Dackel nicht zu schmerzliche Lösung überlegen.

Der Dackel als Jagdhund

Die Jagdpassion steckt in jedem Teckel, doch wurde im Laufe langjähriger Zuchtarbeit eine ganze Reihe von Zuchtstämmen konsequent als Jagdhunde gezüchtet, wobei man den Formwert hinsichtlich des gesamten Typs und die Haarbeschaffenheit besonders beachtet hatte. Daneben hat sich die sogenannte Schönheitszucht entwickelt. Diese Hunde werden nur auf Schauen und Ausstellungen geführt. Man erlebt aber immer wieder, daß selbst Tiere aus solchen Zuchten gute jagdliche Leistungen erbringen können. Andererseits sind manche Hunde, die von jagdlich geführten und auf Prüfungen hochprämierten Eltern abstammen, im Jagdgebrauch Versager. Kein Züchter kann in dieser Hinsicht eine Garantie geben.

Wichtig: Die jagdliche Veranlagung eines Teckels muß vom Jäger durch eine intensive Ausbildung gefestigt werden.

Rüde oder Hündin?

Die Entscheidung sollte gut überlegt sein, und zwar vor allem auch im Hinblick auf den Verwendungszweck des Hundes. So ist der Rüde als Jagdhund immer einsatzbereit, eine Hündin dagegen fällt durch die Hitze (Läufigkeit) in der Regel alle 6 Monate für 3 Wochen aus. Als Besitzer einer Hündin muß man auch wissen, daß sie in der Zeit der Hitze festzusetzen ist.
Die Ansicht, eine Hündin sei anhänglicher als ein Rüde, erweist sich normalerweise nicht als richtig – es kommt auf das Temperament, die Haltung und die Zuwendung an.
Nach all diesen Erwägungen entscheide man sich für den Welpen, der einem am besten gefällt.

Unser Tip

Wenn Sie schon einen Hund haben, dann sei Ihnen zu einem gleichgeschlechtlichen Welpen geraten. Ebenso sollten Sie sich daran orientieren, ob die Hunde der Nachbarn primär Rüden oder vorwiegend Hündinnen sind.

Auch Teckel brauchen den Umgang mit Kindern schon vom Welpenalter an

Wo kauft man den Dackel?

Jeder Kauf ist Vertrauenssache. Das gilt hier um so mehr, als es sich um die Anschaffung eines Lebewesens handelt.

Wichtig: Kaufen Sie Hunde nur beim Züchter, und nehmen Sie niemals Welpen unbekannter Herkunft.

Anschriften von soliden Züchtern kann man bei Teckelhaltern, Tierärzten, Zuchtverbänden und dem Deutschen Teckelklub e. V. 1888, sowie beim VDH (Verband für das Deutsche Hundewesen) bekommen (Adresse siehe Anhang). Der DTK

Ist das nicht mein neuer Ball, der dort liegt?

Gib doch her, das ist mein Spielzeug!

hat Welpenvermittler, deren Telefonnummern im Branchenfernsprechbuch unter „Hunde" stehen. Sie wissen, welche Züchter Welpen haben, und geben die Anschriften weiter.

Besuch beim Züchter

Zum Erwerb eines Teckels setzt man sich mit einem empfohlenen Züchter in Verbindung, vereinbart einen Termin und sieht sich am Ort seine Zuchthündin und eventuell auch den Zuchtrüden an. Dabei wird sich herausstellen, ob der Züchter den gewünschten Welpen anzubieten hat. Zugleich bekommt man einen Einblick in die Haltung der Hunde.
Die Züchter werden sicher gern über die Elterntiere Auskunft geben. Ein kritischer Blick ist jedoch angebracht.

Wichtig: Entscheiden Sie sich nie aus Mitleid für einen in der Entwicklung zurückgebliebenen Hund, sondern nehmen Sie nur einen gesunden, fröhlichen und kräftigen, um später nicht immer wieder im Warteraum des Tierarztes sitzen zu müssen.

◆ *Welchen Welpen wählen?*

Lassen Sie sich in dieser Frage vom Züchter beraten, aber nicht beschwatzen. Einen Welpen zu beurteilen ist vor dem Alter von 5 bis 6 Wochen für einen Unerfahrenen kaum möglich. Selbst der Züchter, der die Kleinen recht gut beobachten kann – sieht er sie doch täglich Fortschritte machen –, wird erst frühestens ab einem Alter von 6 Wochen erkennen, wie sie sich im Wesen und in der Form

Endlich hab ich meinen Ball wieder für mich!

Und du, komm mir bloß nicht noch einmal in die Quere!

entwickeln werden , wobei die Welpen bis zur 12. Woche ihre entscheidendste Entwicklungsphase während der Aufzucht durchmachen, die sogenannte Prägungsphase. In dieser Zeit wird sich der Züchter mit den Welpen viel beschäftigen, denn sie müssen jetzt besonders intensiven Kontakt zu den Menschen und ihrer Umgebung haben, um Selbstbewußtsein, Tapferkeit und Intelligenz entwickeln zu können.

Während der Zeit der Aufzucht sollte man möglichst mit dem Züchter in Kontakt bleiben und sich die Welpen öfter und vor allem in Ruhe und genau ansehen, vielleicht sich schon mit seiner Hilfe einen aussuchen. Es kommt darauf an, wofür man den Hund haben möchte:

- Wird er in der Jagd Verwendung finden, so sollte der kräftige, freche Welpe den Vorrang bekommen.
- Ist der Hund als Hausgenosse vorgesehen, dann ist der anschmiegsamere Typ zu bevorzugen.

In der Regel gefallen die Welpen zunächst alle, doch bei längerer Betrachtung stellt man Unterschiede fest. Sind sie zutraulich oder zurückhaltend, wie reagieren sie auf Lautäußerungen, zum Beispiel auf In-die-Hände-Klatschen?

Diese Frage läßt sich nur sicher beantworten, wenn man als Besucher bei einem Züchter seinerseits auf vernünftiges Auftreten achtet; es sollte eine Selbstverständlichkeit sein, daß man nicht lärmend mit einer vielköpfigen Gesellschaft dort ankommt.

Wichtig: Vermeiden Sie in Gegenwart der Hunde ruckartige Bewegungen, und achten Sie darauf, daß Ihre Kinder nicht herumtoben. Zu schnell können Welpen getreten oder geschubst werden, was die Mutterhündin unter Umständen zu nicht eingeplanten Reaktionen veranlaßt.

◆ *Was ist zu beachten?*

Die Welpen sollten in etwa den gleichen Entwicklungsstand aufweisen, das heißt, einander in Größe und Gewicht ähnlich sein. Sie müssen rund und mollig, dürfen jedoch nicht überfüttert sein und durch mangelnde Bewegung zu schwer erscheinen. Trotz ihres Welpenspecks sollten sie kernig und drahtig sein.

Im einzelnen ist auf folgendes zu achten:

- ◆ Das Gebäude (der Körperbau) muß in allen Teilen korrekt sein
- ◆ Der Welpe muß jetzt schon ein gutes Gebiß aufweisen
- ◆ Er muß eine ausgeprägte Brust haben
- ◆ Er darf keinen Nabelbruch haben
- ◆ Die Rute darf weder einen Knick noch eine Verdickung aufweisen
- ◆ Die Beinstellung muß korrekt sein
- ◆ Der Welpe muß sich sicher bewegen

Hoden sind bei den jungen Rüden mit Sicherheit noch nicht immer zu fühlen.

Vielversprechender Nachwuchs, die Wahl wird schwierig

◆ *Wie sollen die Welpen aussehen?*
Kurzhaarwelpen sollen am ganzen Körper dicht mit kurzem, anliegendem Haar versehen sein, auch an Hals und Brust.
Rauhhaarwelpen im Alter von 8 Wochen auf ihre Haarqualität zu beurteilen ist nicht ganz einfach. Die sehr wuscheligen Kleinen mit längerem Haar finden häufig als erste ihre Liebhaber, weil sie so niedlich aussehen. Sie behalten aber in der Regel ein recht weiches, zu langes Haar. Die Mehrzahl der Rauhhaarwelpen hat anliegendes, harsches Haar. Am Schnäuzchen ist der Ansatz eines Bartes sichtbar, an den Beinen eine deutlich längere Behaarung. Zur Farbe sei gesagt, daß sie bei Rauhhaarwelpen im Alter von 8 Wochen dunkler oder heller sein kann, als die end gültige Färbung einmal sein wird.
Langhaarwelpen – bei ihnen findet man am häufigsten die rote Farbe; sie ist in der Regel heller als später bei den erwachsenen Hunden. Nicht selten weisen die Kleinen einen breiten, dunklen Aalstrich auf dem Rücken auf. Je nach Intensität der Dunkel-Schwarz-Färbung kann der Hund eine Haarfarbe bekommen, die man als „Rot mit Deckhaar" bezeichnet. Die rein roten Langhaarteckel sind den vorgenannten vorzuziehen.

Die Behaarung der Welpen ist dicht und wollig. Eine Fahnenbildung an der Rute und den Läufen ist in diesem Alter noch nicht erkennbar. Beim Langhaarjunghund kann es bis zu einem 3/4 Jahr dauern, bis er sein vollständiges Haarkleid gebildet hat.

Wenn die Entscheidung gefallen ist, …

Ist der Welpe beim Züchter – und *nur* beim Züchter – ausgesucht, vollzieht sich der rechtmäßige Kauf. In der Regel hat man sich beim ersten Gespräch mit dem Züchter über den Preis unterhalten, der bei der Übergabe des Welpen fällig wird.

Wichtig: Der Preis sollte sich grundsätzlich in vernünftigem Rahmen bewegen.

Bei überhöhten Preisforderungen sollten Sie vom Kauf Abstand nehmen. Nicht selten hört man von Forderungen, die ins Utopische gehen. Andererseits gibt es immer wieder Interessenten, die jeden Betrag zahlen. Ein zu niedriger Preis kann auf einen Notverkauf hindeuten. Hier sei besonders darauf geachtet, wie die Welpen untergebracht sind und ob sie sauber gehalten werden, ob sie entwurmt und geimpft sind.

Gewährsmängel sind binnen kürzester Zeit zu melden, etwa wenn der Welpe nachweislich krank übergeben wurde, wenn sich grobe Fehler zeigen, die vom Käufer nicht erkannt wurden oder die ohne sein Zutun auftraten, zum Beispiel Hodenlosigkeit bei Rüden, Gebiß- und Zahnanomalien. Hier sollte man mit dem Züchter über einen eventuellen Preisnachlaß sprechen.

Wichtig: Spätestens drei Monate nach dem Erwerb seines Hundes muß der Besitzer ihn beim Ordnungsamt der zuständigen Gemeinde anmelden, da eine *Hundesteuerpflicht* besteht.

Unser Tip

Lassen Sie Ihren Vierbeiner haftpflichtversichern. Diese Versicherung wird zwar gesetzlich nicht gefordert, doch ist jedem dazu zu raten, denn auch durch kleine Hunde können große Schäden entstehen.
(Bei einem Jäger sind bis zu zwei Hunde, die ihre jagdliche Brauchbarkeit bei Prüfungen nachgewiesen haben, über den Jagdschein haftpflichtversichert.)

Der Welpe zieht ein

Die Vorbereitungen

Bevor Ihr neuer Gefährte ins Haus kommt, müssen Sie alle notwendigen Utensilien eingekauft haben. Was Sie an Hundezubehör brauchen, sagt Ihnen die Checkliste auf Seite 30. Außerdem sollten Sie bereits wissen, welcher Platz in der Wohnung künftig Ihrem Dackel vorbehalten bleibt, und ihn auch schon entsprechend hergerichtet haben.

Der richtig ausgestattete Hundeplatz

Der Vierbeiner braucht zunächst einen Platz, an dem er sich aufhalten soll und an dem er seine Ruhe findet. Er befindet sich im Wohnbereich an einer warmen, zugfreien Stelle, nie auf Steinfußböden.
Sobald der Hund aus dem Krabbelalter heraus ist, bekommt er einen Korb. In diesen gehört eine weiche Matte und eine leicht zu reinigende Decke, denn Teckel decken sich sehr gern zu. Reine Zwingerhaltung ist für einen Dackel abzulehnen, denn er ist – wie bereits erwähnt – kein Zwinger- und Hüttenhund, sondern er gehört mit Familienanschluß ins Haus. Falls zeitweilige Zwingeraufenthalte notwendig sind, muß man für eine trockene, saubere und warme Unterkunft sorgen.
Zum Hundeplatz gehören zwei Näpfe für die tägliche Futteraufnahme, einer für das Futter, einer für Wasser. Sie können aus Kunststoff, Stahl oder Email sein. Auf jeden Fall müssen sie fest auf dem Boden stehen und sich leicht reinigen lassen.

„Nico von Ahlsensee" in einer beklebten Apfelsinenkiste, deren Eckholme beknabbert werden können

Unser Tip

Nehmen Sie für Ihren Welpen eine Holzkiste, die Sie in einen größeren Karton stellen können. Der Kleine fühlt sich in dieser „Höhle“ geborgen. Zunehmend mehr werden auch Transportkisten verwendet; sie sind aber nur als Schlafplatz, nicht als allgemeiner Aufenthaltsort geeignet.

Halsung und Leine

Zur Ausstattung des Hundes gehören eine Lederhalsung (Lederhalsband) und eine Leine.

Das **Halsband** darf nicht zu klein gekauft werden. Für die Teckel des Normalschlages passen die Größen Nr. 30, 35 und 40.

Ferner gibt es *Lederzughalsbänder,* die sich besonders im Jagdgebrauch bewährt haben. Man muß nur darauf achten, daß ein Sperring eingearbeitet

Checkliste Zubehör

◆ *Halsung*	*aus Leder oder als Doppelkette (Größe: Nr. 30, 35 und 40). Achtung: Bei Lederzughalsbändern auf Sperring achten!*
◆ *Leine*	*gibt es in verschiedenen Ausführungen (Länge/Material); am besten ist ein einfacher, glatter Lederriemen*
◆ *Korb oder Kiste*	*darin soll der Hund sich wohl fühlen und den Korb oder die Kiste als sein Eigentum akzeptieren*
◆ *Decke*	*wichtig für Korb- oder Kisteneinlage*
◆ *zwei Futternäpfe*	*ein Napf für Futter und ein Napf für Wasser*
◆ *Kamm*	*(für Langhaar) oder auch Bürste*
◆ *Trimmesser*	*(für Rauhhaar) damit wird das Haar gestutzt*
◆ *Pfeife*	*Einfach- oder Trillerpfiff*

ist, damit dem Hund nicht der Hals zugeschnürt wird. Auch *zweireihige Kettenhalsungen,* die sich ebenfalls nicht zuziehen können, haben sich als geeignet erwiesen.

Wichtig: Auf keinen Fall darf man einem Teckel ein Geschirr anlegen; das ist anderen Hunderassen vorbehalten.

Als **Leinen** sind, einfache, glatte Lederriemen – kurz oder lang – am günstigsten. Sie lassen sich mehrfach verstellen und finden besonders als Führleine für den Jäger Verwendung. Laufleinen, die per Knopfdruck bis zu 5 m Freilauf geben , sind für den Teckel ungeeignet. Kein Hund geht bei Fuß, ein ständiges Zerren ist die Folge dieser sich dauernd verändernden Leinenlänge, auch wenn er an Leinenführung gewöhnt ist.

Er trägt eine Lederzughalsung mit eingearbeitetem Sperring

Müssen Sie Ihren Hund häufig anbinden, zum Beispiel beim Einkaufen vor dem Lebensmittelgeschäften, so sollten Sie für Ihn eine Kettenleine mit aufschnallbarer Lederschlaufe kaufen. Eine Lederleine kann nämlich von einem jungen Hund leicht durchschnitten (durchgebissen) werden.

Verschiedene Halsungen: v. l. Stachelhalsung, einfaches Lederhalsband, breite Schweißhalsung

Schuhe sind ein beliebtes Spielzeug – es müssen nicht gerade die besten sein

Wichtig: Bei allen Leinen sollte auf Sicherheit in bezug auf die Haken geachtet werden, die an den Halsungen befestigt werden. Diese Haken müssen besonders im Winter sorgfältig gesäubert und gelegentlich geölt werden, da sie durch Nässe und Salz schnell rosten.

Sonstiges Zubehör

Zur Pflege benötigt man eine Bürste und für Langhaarteckel auch einen Kamm. Für Könner empfiehlt sich ein Trimmesser, mit dem das Haar des Rauhhaarteckels gestutzt wird.
Die Pfeife braucht besonders der Führer eines Jagdteckels. Man kann zwischen dem Einfach- und dem Trillerpfiff wählen, auch gibt es die sogenannte lautlose Pfeife mit einem sehr hohen Ton, den aber der Hund gut hören kann. Wichtig ist, daß man das Tier immer mit dem gleichen Pfiff ruft, denn auf Jagden muß der Teckel den Pfiff seines Herrn unter den vielen Pfiffen erkennen, die anderen Hunden gelten.

Die Eingewöhnung

In den ersten Tagen muß man viel Zeit für den kleinen Hund einplanen, da die Trennung von der Mutter, den Geschwistern und der gewohnten Umgebung sowie die Übersiedlung in eine neue Welt mit fremden Bezugspersonen und meist ohne Artgenossen einen großen Einschnitt im Leben des Welpen darstellt. Man muß sich also viel mit dem neuen Familienmitglied beschäftigen, mit ihm spielen und es mit seiner neuen Umgebung vertraut machen.

Wichtig: Beobachten Sie das Verhalten Ihres Neuen vor allem nach Spielen, Schlafen und Fressen, weil er sich dann lösen muß.

Junge Hunde brauchen sehr viel Schlaf; zeigt also Ihr kleiner Dackel Müdigkeit, sollte er von der ganzen Familie in Ruhe gelassen werden. Die Umstellung kann man dem Kleinen erleichtern, wenn man ihn zunächst möglichst gar nicht oder nur kurz allein läßt, ihm somit das Gefühl der Geborgenheit gibt. Er hat sich dann schon nach kurzer Zeit ganz eingelebt und sich seinem neuen Besitzer angeschlossen.

Ernährung der Welpen

Was er frißt

Beim Kauf des Hundes fragt man den Züchter, was er bisher gefüttert hat. Im allgemeinen bekommt man einen Futterplan oder entsprechende Hinweise. Der Welpe sollte, bis er die Umstellung auf das neue Zuhause verkraftet hat, möglichst das gleiche Futter erhalten wie bisher; krasse Futterwechsel werden mit Durchfall quittiert.
Da jeder Züchter seine eigene Fütterungsmethode hat, können hier nur grundsätzliche Hinweise aus der eigenen Praxis gegeben werden:
Die Welpen müssen glatt aussehen und kernig sein. Stumpfes Haar und dicke Bäuche lassen auf Verwurmung schließen. Während der Aufzucht müssen die Welpen ein vollwertiges Futter bekommen (siehe Futterplan Seite 34) und viel Auslauf haben, um sich gut entwickeln zu können.
Trockenalleinfutter für Welpen wird sehr gern genommen und füttert gut, es muß aber immer frisches Wasser zur Verfügung stehen.

Jeder Hund braucht seinen eigenen Futternapf und eine Schüssel für frisches Wasser

Unser Tip

Geben Sie als Nahrungsergänzung 2mal wöchentlich ein Eigelb ins Futter, das ist gut fürs Fell.

Möglicher Futterplan für Welpen im Alter von 8 bis 10 Wochen	
morgens	Milch mit Haferflocken und etwas Traubenzucker oder Honig, lauwarm angerührt
mittags	entweder Welpenfertigfutter aus der Dose angerührt mit warmem Wasser und Zusatzfutter in Form von Flocken **oder** abgekochtes Fleisch mit Flocken, Gemüse, Vitaminen und Mineralstoffmischung
abends	wie morgens; Milch mit Flocken

Rohe oder gekochte Möhren und Obst fressen die Welpen besonders gern. Zur Deckung des Mineral- und Wirkstoffbedarfs erhalten sie dazu täglich eine halbe Tablette Calcipot D_3. Für die Aufzucht gibt es sehr gute Milchpulver für Welpen. Man kann ihnen aber auch normale 3,5%ige Frischmilch unverdünnt anbieten. Sie muß allerdings frisch sein.
Zwischen den Mahlzeiten können die Welpen abgekochte Fleischknochen zum Knabbern bekommen.

Wichtig: Grundsätzlich darf ein Hund – und das gilt schon für den Welpen – nicht bei Tisch gefüttert werden, denn menschliches Essen stellt keine artgerechte Ernährung dar, und außerdem sind viele Bissen „nebenbei" ungesund.

Wie oft füttern?

Ab dem 5. bis 6. Lebensmonat kann der Jagdhund auf zwei Mahlzeiten umgestellt werden, man läßt zunächst die Abendfütterung ausfallen. Es gibt dann nur noch einige Kräcker. Ist der Hund ausgewachsen, erhält er lediglich noch eine Hauptmahlzeit. Die Futtermenge richtet sich nach Alter und Größe des Welpen; er braucht täglich mehr, darf aber nicht überfüttert werden.

Gutes Benehmen – auch beim Hund gefragt

Die Erziehung eines Hundes ist gar nicht so schwierig, wenn man einige Grundregeln beachtet.

Wichtig: Der Hundebesitzer muß vor allem Disziplin und Selbstbeherrschung üben, also von Anfang an im Umgang mit dem jungen Hund und bei seiner Erziehung absolut konsequent sein.

Natürlich sollte der Hund viel gelobt werden. Er will seinem Herrn gefallen, er ist dankbar für jedes gute Wort und jedes kurze Streicheln oder Klopfen, begleitet von einem „brav". Muß man einmal schimpfen oder strafen, sollte man nicht lange grollen, sondern sich sehr bald wieder mit dem Hund vertragen. Ältere Tiere, die auf ihren Herrn ganz eingestellt sind, brauchen kaum noch mit Worten dirigiert zu werden, oft genügt ein Blick, und Herr und Hund wissen, welche Aufgabe es zu erledigen gilt. Auch spürt ein Hund sehr schnell, wie das Stimmungsbarometer bei Herrchen oder Frauchen steht, häufig tut er in solchen Momenten genau das Richtige.

Stubenreinheit

Am Anfang der sogenannten Stubendressur, der Erziehung im Junghundalter, steht die Sauberkeit im Haus. Mit der Erziehung dazu beginnt man beim jungen Hund am ersten Tag. Es gibt Welpen, die von ihrem Züchter schon zur Sauberkeit angehalten wurden; sie sind im allgemeinen sehr schnell stubenrein. Mit anderen Welpen hat man häufig mehr Mühe. Je älter der Hund ist, je länger er im

Unser Tip

Lassen Sie Ihren Welpen grundsätzlich nach dem Schlafen, nach dem Spielen und nach dem Fressen nach draußen, damit er sein Geschäft erledigen kann!

Zwinger gelebt hat, desto schwieriger ist er sauber zu bekommen.
In der Anfangszeit sollte der Welpe alle 2 Stunden nach draußen geführt werden. Setzen Sie ihn dann nach Möglichkeit immer an die gleiche Stelle. Der Hund begreift sehr schnell, was er dort erledigen soll, zumal der Geruch ihn dazu anregt. Hat er prompt seinen See oder sein Häufchen gemacht, so loben Sie ihn mit Worten; der Welpe weiß dann sehr bald, daß er sich nur draußen zu lösen hat.
Ist nun aber doch einmal in der Wohnung ein Unglück passiert, so nimmt man den Hund, zeigt ihm sein Delikt und kann ihm einen Klaps geben oder mit ihm schimpfen. Schimpfwörter sollten zwar klar, deutlich und energisch, aber nicht überlaut gesprochen oder gar geschrien werden. Für diese Missetat genügt es eigentlich schon, mit einem „Pfui“ auf den See zu zeigen und den Namen des Hundes einige Male zu wiederholen.
Danach muß er sofort nach draußen gebracht werden, damit er weiß, weswegen er gestraft wurde.

Wichtig: Strafe begreift der Hund nur, wenn er auf frischer Tat ertappt wird, er muß sie mit seinem Tun noch in Verbindung bringen können.

Die Stelle, an der das Malheur passiert ist, müssen Sie nun unbedingt gründlich reinigen. Tun Sie dies nur oberflächlich, animiert der Geruch den Hund, sich erneut zu lösen.
Für die Sauberkeit während der Nacht können Sie die Schlafkiste in einen etwas größeren Karton schieben, den Sie mit der Öffnung zur Wand drehen. So kann der Hund nachts nicht im Zimmer Pfützen und Häufchen verteilen. Nur wenige Hunde oder nur Hunde in großer Not beschmutzen ihr Lager. Am kommenden Morgen muß der kleine Teckel allerdings sofort nach draußen gebracht werden, er wird sich dann auch gleich lösen.

Wichtig ist, daß Sie Ihren Hund genau beobachten, besonders beim Spielen. Junge Hunde spielen vergnügt, brechen abrupt ab und suchen herum, Sekunden später fließt der Bach. Hier muß man aufpassen und den Hinweis des Tieres richtig verstehen, also schnellstens mit ihm vor die Tür. Beachten Sie diese Dinge und haben Sie in den ersten Tagen konsequent aufgepaßt, so haben Sie innerhalb von 8 bis 10 Tagen einen sauberen Hund.

Bei den Übungen „Sitz" und „Abliegen" wird das jeweilige Kommando vom entsprechenden Handzeichen begleitet. Später weiß der Hund dann das wortlose Handzeichen zu befolgen

Gehorsam

Gehorsam, was ist das? Ist es eine Unterordnung des Hundes, ein bedingungsloses Folgen, oder bedeutet es ein sinnvolles Miteinander, ein gezieltes Einsetzen seiner unverbildeten, unverdorbenen Veranlagung? Im allgemeinen geht dem Teckel der Ruf voraus, er sei nur schwer zu erziehen, könne nicht gehorchen, ja er sei ein eigenwilliges Geschöpf. Doch diese Meinung hat einen konkreten Hintergrund: Die Vorfahren des Teckels waren reine Jagdhunde, die in erster Linie zum Jagen von Raubwild, Dachs und Fuchs eingesetzt wurden. Bei der Baujagd waren – und sind – diese kleinwüchsigen Hunde ganz auf sich gestellt. Nur ihr Instinkt, ihre Intelligenz und ihr Mut entscheiden bis heute oft genug über die Frage des Überlebens. Daraus entwickelte sich mit der Zeit der selbstsichere und eingenständige, für den Dackel so typische Charakter. Dieser Hund ist eben eine Persönlichkeit. Dennoch: Jeder normal veranlagte Teckel läßt sich zum Gehorsam erziehen, und das gilt besonders für den Teckel, der in der Jagd eingesetzt werden soll.

Wichtig: Da der Hund von Natur aus ein Meutetier ist, das im Rudel lebt und von einem Leithund geführt wird, muß nun der Mensch die Rolle dieses Leithundes übernehmen. Der junge Hund ordnet sich schnell unter und gibt sich Mühe zu gefallen.

Schon der Welpe im Alter von 8 bis 12 Wochen lernt zu gehorchen; jetzt sollte man ihm beibringen:

- Kommen auf Ruf oder Pfiff
- Sitzenbleiben im Korb oder auf dem Hundeplatz
- Gehen an der Leine ohne zu ziehen und zu zerren
- nicht jeden fremden Hund anzubellen
- nichts anzuknabbern und zu zerbeißen
- nicht zu betteln

Hat er die ihm gestellte Aufgabe erfüllt, ist er immer zu loben, auch kann man ihm als Belohnung ein Bröckchen geben. Bei konsequenter, liebevoller Anleitung hat man bald einen folgsamen Teckel.
Besonders wichtig ist der Gehorsam bei einem Teckel im Jagdgebrauch. Er muß sich ruhig verhalten können, auf seinem Platz (Rucksack) liegen bleiben, bei Fuß gehen und auf Pfiff kommen.

Kommen auf Ruf und Pfiff

Für das Rufen des jungen Hundes wird von Anfang an ein bestimmtes Kommando gewählt. Es ist der Name des Hundes verbunden mit dem Wort „Komm", oder es ist ein Pfiff, der immer den gleichen Ton oder die gleiche Tonfolge hat.

Und immer wieder loben und belohnen – mit Worten bzw. mit kleinen Leckerbissen

Hat der Teckel gehorcht und ist brav gekommen, wird er belohnt.

Gewöhnen an Korb oder Hundeplatz

An seinen Platz muß der Hund vom ersten Tag an gewöhnt werden. Dazu setzt man ihn mit dem Kommando „Platz!" oder „Kusch!" in den Korb. Man kann auch „Ins Körbchen!" oder „Hundeplatz marsch!" sagen.

Unser Tip

Setzen Sie Ihren jungen Hund immer mit dem gleichen Kommando ins Körbchen!

Zunächst wird der junge Hund nicht sofort dort liegen bleiben. Er muß dann mit den entsprechenden Worten wieder zurückgebracht werden. In der Regel begreift er schnell und nimmt den ihm zugedachten Platz an. Es gibt aber Hunde, besonders ältere, bei denen diese Phase länger dauert. Hier müssen die Besitzer mehr Geduld aufbringen, vor allem aber absolut konsequent sein, denn ist der Hund intelligent genug, beginnt er schon hier seinen Herrn um den Finger zu wickeln. Mit schuldvoller Miene schleicht er aus dem Körbchen und sitzt sehr bald, sich anschmiegend, mit im Sessel oder auf dem Sofa. Ist dieser Bann gebrochen, wird er sich dort einen – seinen – Platz einrichten; schließlich kann er so ja alles besser übersehen und nimmt am Familienleben direkt teil!

Unser Tip

Eine gute Kompromißlösung ist es, wenn der Vierbeiner tagsüber seinen festen Platz hat und sich dort auch aufhält, am Abend aber, wenn die Familie versammelt ist, auf einer sogenannten Hundedecke mit auf dem Sessel liegen darf.

Wenn's auch schwerfällt, wir bleiben im Korb

Hunde sitzen oder liegen auch gern auf dem Teppich. Damit ist beiden geholfen – der Hund hat den gewünschten Kontakt und Herrchen oder Frauchen warme Füße.
Nur wenn sich der Hund eigenmächtig einen Sessel oder gar das Bett als das für ihn geeignete Lager ausgesucht hat, sollten Sie ihn energisch auffordern, es zu verlassen. Bleibt er hartnäckig, dann muß er ernsthaft ermahnt werden, und man kann das ruhig nachdrücklich tun, indem man ihm mit einer zusammengefalteten Zeitung einen Klaps auf die Keule versetzt. Vorsicht ist allerdings bei jungen Hunden geboten, die nicht selten, wenn sie ein schlechtes Gewissen haben, einen kleinen See machen. Dies gilt es mit Geschick zu verhindern, solange der Hund noch auf dem Möbelstück sitzt. Mit dem Älterwerden verliert sich in der Regel das „Seemachen" in solchen Situationen.

Leinenführigkeit

An das Gehen an der Leine müssen junge Hunde früh gewöhnt werden, zumal sie Halsband und Leine als äußerst lästig empfinden. Zunächst sträuben sie sich, vorwärts zu gehen, springen hoch und zur Seite und mehr rückwärts als vorwärts.
Vergessen Sie nicht, Ihren Vierbeiner zu loben, wenn er mitläuft. In den meisten Fällen ist er schnell leinenführig, denn draußen ist es interessant für ihn, und bald freut er sich, wenn man zur Leine greift. Den Hund sollte man immer an der linken Seite führen; das gilt insbesondere für den Jäger.

Unser Tip

Bei der Erziehung zur Leinenführigkeit sollten Sie behutsam, doch zielstrebig verfahren. Ziehen Sie den Hund nicht, sondern locken Sie ihn hinter sich her, so daß er die Leine kaum merkt.

Leinenführigkeit bedeutet, daß der Hund nicht nur an der Leine, sondern auch „bei Fuß" geht. Außerdem sollte auch immer der Herr mit seinem Hund ausgehen und nicht umgekehrt! Man sieht da öfter kuriose Bilder. Selbstverständlich darf der Hund mal hier, mal dort stehenbleiben und schnuppern, denn das ist für ihn ein „Zeitunglesen" mit der Nase. Grundsätzlich sollte aber der Mensch das Tempo beim Ausgehen bestimmen. Das Ziehen und Zerren an der Leine dürfen Sie auf keinen Fall dulden. Tut der Hund es immer wieder, so müssen Sie ihn mit einem energischen Ruck verbunden mit dem Wort „Bei Fuß!" oder „Kurz!" strafen.

Wichtig: Achten Sie vor allem beim jungen Hund darauf, daß er immer geradeaus geht und nicht diagonal läuft. Sonst kann sich solch ein Zerren und dadurch bedingtes schräges Laufen nachteilig auf die Entwicklung der gesamten Vorderhand auswirken.

Lassen Sie Ihren Hund nie außerhalb Ihres Einflußbereichs frei laufen, auch wenn Sie glauben, er sei nicht angriffslustig. Teckel sind mutig und frech. Kommt es – was gar nicht so selten ist – zu einer Beißerei zwischen einem frei herumlaufenden

Im Straßenverkehr gehört der Teckel unbedingt an die Leine, und vor jedem Überqueren einer Straße sollte man mit ihm stehen bleiben

und einem angeleinten Hund, so ist letzterer immer im Nachteil, und es sind Teckel schon gebissen, sogar totgebissen worden.

In übersichtlichem Gelände kann der gut abgerichtete Teckel frei bei Fuß laufen, also ohne Leine. Manche können das gut und sicher, doch muß der Führer seinen Hund absolut in der Hand haben.
Im Straßenverkehr sollten Sie Ihren Hund auf jeden Fall anleinen, denn

Frei „bei Fuß gehen" muß geübt werden

eine Katze oder eine heiße Hündin auf der anderen Seite lassen ihn oft alle guten Lehren vergessen, so daß er sich und andere gefährden kann.

Wichtig: Im Wald gehört ein Dackel, der nicht als Jagdhund geführt wird, unbedingt an die Leine. Da in jedem Teckel der Jagdinstinkt mehr oder weniger gut ausgeprägt ist, brennt bei starker Wildwitterung zu leicht die „Sicherung" durch, und ab geht die Jagd. Häufig endet solch ein Ausflug mit viel Ärger oder mit großem Kummer.

Hier verteidigt er sein Grundstück

Anbellen

Sie sollten grundsätzlich von Anfang an verhindern, daß Ihr Hund andere Artgenossen anbellt. Es könnte zur Gewohnheit werden und sich in ein aggressives Verhalten Ihres Dackels gegenüber fremden Hunden steigern. Die Folgen sind ärgerlich und gefährlich.

Anknabbern und Zerreißen verboten

Zunächst muß man davon ausgehen, daß der Welpe knabbert, um seinen Spieltrieb zu befriedigen, außerdem will er seine Zähne und seine Kaumuskulatur stärken. Möglicherweise knabbert er aber auch aus Langeweile. Ebenso kann Kummer die Ursache sein. Dem Hund bleiben zum Beispiel die Vorbereitungen für einen

Reviergang nicht verborgen – Lederhose, Stiefel und Waffe liegen schon bereit, aber er darf nicht mit. Er muß zu Hause bleiben, und dann dauert der Ausflug auch noch unverhältnismäßig lange. Aus lauter Trübsinn kommt der Hund auf sonst für ihn nicht übliche Einfälle und kann dabei ungeahnte Kräfte mobilisieren, so daß man beim Anblick der Verwüstung glaubt, er habe technische Hilfsmittel benutzt.

Übermut ist häufig eine Folge von Langeweile und löst wie diese den Nagetrieb aus. Kann sich ein Hund austoben und hat er genug Beschäftigung, stellt sich die Unart gar nicht erst ein.

Eine weit schlimmere Form des Nagens und wohl auch am schwierigsten zu korrigieren ist das Knabbern am eigenen Korb und das Zerreißen von Decken und Kissen. Hier kann nur nochmals empfohlen werden, einem jungen Hund nicht gleich einen neuen, teuren Korb zu geben. Die einfache Apfelsinenkiste mit vier Eckholmen reicht zunächst vom Platz her aus und darf benagt werden. Den Korb gibt man dem Hund frei, wenn er unter Aufsicht darin liegt. Dem

Unser Tip

Neigt Ihr Hund zum Nagen, so lassen Sie ihn, wenn er mal ohne Aufsicht bleiben muß, nur in einem Raum, in dem er keinen Schaden anrichten kann.

Annagen kann man mit Spielzeug für den Hund vorbeugen. Aufpassen muß man in der ersten Zeit trotzdem.
Für den jungen Hund sollte zum Knabbern auch ein Stückchen nicht splitterndes Holz oder ein Stöckchen und/oder ein ausrangierter Haus- oder Lederschuh vorhanden sein.
Im allgemeinen reicht das Knabberalter vom Welpenalter bis zum 4. oder 5. Monat, dann hat der kleine Hund begriffen, was er darf und was nicht. In der Zeit des Zahnwechsels von 5. bis zum 7. Monat setzt aber noch einmal ein verstärktes Knabberverlangen ein.
Ein besonderes Problem stellen Hündinnen dar, die scheinträchtig sind und sich zur Zeit des „Wurftermins" ein Nest bauen wollen. Sie zerkratzen und zerreißen dafür Kissen und Decken. Man sollte ihnen in dieser Zeit daher alte Decken in ihr Lager geben.

Betteln verboten

Ein Hund muß von klein auf dazu angehalten werden, daß er sich während des Essens von Herrchen oder Frauchen auf seinem Platz aufhält und nicht bettelt. Sind erst einige Male kleine Bröckchen beim Essen unter dem Tisch verschwunden, so sitzt später ständig ein bettelnder Hund stupsend und bellend bei Tisch. Bei guter Erziehung zeigt sich der Hund zu den Mahlzeiten nicht. Nur wenn Gäste anwesend sind, findet sich zuweilen ein älterer Schlauberger ein, in der Hoffnung, ein Gast würde die Hausordnung nicht kennen oder sie, durch sehnsüchtige Blicke erweicht, nicht beherzigen. Man erweist dem Hund keinen Gefallen, wenn man ihn zum Betteln erzieht. Die unkontrollierte Gabe nahrhafter Bissen außerhalb seiner Mahlzeit bewirkt nur, daß er dick und für Krankheiten anfällig wird.

Die „höhere Schule“ – Ausbildung für die Jagd

Der Teckel – ein vielseitiger Jagdhund

Zu Beginn dieses Kapitels sei noch einmal daran erinnert, daß jeder Teckel ein Individualist ist und man deswegen nicht alle mit der gleichen Methode und dem gleichen Erfolg ausbilden kann. Der Ausbilder sollte deshalb mit guter Beobachtungsgabe und viel Fingerspitzengefühl an seine Aufgabe herangehen. Vor allem darf er nicht die Geduld verlieren, Selbstbeherrschung ist auch hier die wichtigste Voraussetzung für den Erfolg. Wer diese Eigenschaften nicht hat, sollte lieber die Finger vom Dackel und seiner Ausbildung lassen.
Die Ausbildung zum Jagdhund baut auf der Stubendressur auf, die der Teckel im Junghundalter spielerisch erlernt hat (siehe Kapitel „Gutes Benehmen ...“ Seite 38 f.)

Wichtig: Alle Übungen sind sorgsam und ohne Hast oder übertriebenen Ehrgeiz durchzuführen, nur dann lernt der Teckel leicht und sicher das Verhalten im Revier. Für jede erbrachte Leistung muß der Führer auch hier ein gutes, lobendes Wort für seinen Hund finden. Nichts ist selbstverständlich!

Verhalten im Revier

Der junge Teckel wird im Revier an der Leine auf der linken Seite geführt. Ohne zu zerren, geht er „bei Fuß“. Das An-der-Leine-Gehen wie auch das Stehen bleiben oder Sich-ruhig-Verhalten muß der Hund lernen. Es gehört zum Pirschgang.

Ablegen

Das Ablegen bedeutet, den Hund auf einen Rucksack oder eine Jacke – auf etwas, das seinem Besitzer gehört – abzulegen. Mit den Worten „Platz“ oder „Sitz“ gibt man ihm das Kommando, auf diesem Platz zu bleiben. Zunächst entfernt man sich nur kurze Zeit von dem Hund, später allmählich länger. Der Teckel kann beim Ansitz unter dem Hochsitz bleiben. Man kann ihn aber auch gut mit hinauf nehmen und ihn so bei sich und unter Aufsicht haben. Er wird es dort schön und interessant finden.

Schußfertigkeit

Ein Teckel muß, wie jeder Jagdhund, schußfest sein. Das bedeutet, daß er nicht aus Angst davonläuft, wenn ein Schuß abgegeben wird, sonst ist er für die Jagd unbrauchbar. Um festzustellen, ob der Teckel Schußfestigkeit besitzt, legt man ihn ab oder hat ihn an der Umhängeleine neben sich. Dann gibt man einen Schuß aus der Flinte ab und beobachtet das Verhalten des Hundes. Die meisten Hunde bleiben ruhig, zeigen keine Reaktion. Erfahrene Jagdhunde verbinden mit dem Schuß die gefallene Beute, sie möchten sofort lossausen, um das geschossene Stück Wild zu suchen. Solche Hunde nennt man schußhitzig.

Zum Abliegen im Revier genügt eine Jacke oder ein Rucksack. Der gut abgerichtete Teckel bleibt dort liegen, bis er wieder abgeholt wird

Jagdliche Veranlagungen

Von Teckeln, die als Jagdhunde verwendet werden, sind manche vielseitig einzusetzen, andere kann man als ausgesprochene Spezialisten bezeichnen. Deshalb müssen erst die Anlagen des jeweiligen Hundes erkannt und das Tier dann entsprechend eingesetzt und gefördert werden. Manche Dackel eignen sich besonders zur Nachsuche, andere wieder sind passionierte Stöberer. Vom Jäger und Führer sollten die Leistungsgrenzen eines Teckels sehr nüchtern erkannt und entsprechend beherzigt werden.

Intensiv nimmt der Dackel die Witterung der Spur auf

Spurlaut

Von der Veranlagung her ist der Jagdteckel spurlaut, das heißt, ohne das Wild gesehen zu haben, hält er die warme Spur oder Fährte und folgt ihr Laut gebend. Je sicherer und weiter er sie verfolgt, desto feiner sind Nase und Vorwärtsdrang ausgeprägt. Bei einer Spurlautprüfung wird der Teckel in einem übersichtlichen Feldrevier, in dem Hasen vorkommen, auf die Spur des Hasen angesetzt, den er nicht gesehen hat. Der Hund nimmt die Spur auf, folgt ihr Laut gebend. An der Arbeitsweise kann man erkennen, wie gut der Hund die Spur hält, ob er eine gute Nase und ausreichend Laut hat. In der Regel kommen die Hunde, wenn sie die Arbeit abbrechen, auf ihrer eigenen Spur wieder zurück. Das bedeutet, daß der Führer an dem Platz stehen bleibt, an dem er den Hund geschnallt hat.
Der Spurlaut ist die wichtigste Veranlagung für einen Jagdteckel.

Stöbern

Beim Aufstöbern von Wild wird er vom Rand der zu durchstöbernden Parzelle aus mit festanliegender Warnhalsung und mit dem aufmunternden Kommando „Such-such" in die Dickung geschickt, oder der Führer geht mit dem Hund gemeinsam hindurch. Der Teckel soll die Parzelle

Die Warnhalsung verhindert, daß der Jäger den Hund mit Wild verwechselt. Bei Dunkelheit reflektiert sie

durchsuchen, darin befindliches Wild aufstöbern und lauthals verfolgen. Der erfahrene Führer, der seinen Hund kennt, wird an dessen Laut die Richtung und sogar die gefundene Wildart erkennen.
Auch diese Arbeit muß mit dem Dackel zunächst intensiv geübt werden; er muß lernen, die Waldparzelle weiträumig zu durchsuchen, ohne sie zu überjagen, das heißt, daß er seine Arbeit nicht unbeobachtet in den benachbarten Parzellen fortsetzt, sondern zu seinem Herrn zurückkehrt.

Wichtig: Seinen Herrn zu finden sollte schon der junge Hund üben. Das kann bereits im Haus und im Garten spielerisch gefördert werden. Der Führer oder ein anderes Familienmitglied versteckt sich und ruft dann den Hund, der den Rufenden nur hören, aber nicht sehen kann. Der Hund ist jetzt auf seine Nase angewiesen und wird mit ihrer Hilfe hoffentlich schnell den Gesuchten entdecken.

Unser Tip

Sehr gut können Sie das Suchen beim Spazierengehen üben. Wenn der Hund frei läuft, dabei hinterherbummelt oder vorausgelaufen ist, verstecken Sie sich hinter einem Baum oder einem Strauch. Sehr bald wird der Hund bemerken, daß sein Begleiter nicht mehr da ist. Er beginnt zu suchen, nimmt die Nase an den Boden und findet in der Regel sehr schnell die richtige Spur, was Sie, wie immer, mit Lob quittieren.
Ist dieses Fach intensiv geübt, werden Sie auf Jagden weniger Sorge um Ihren Hund haben müssen.

Erfahrene Stöberhunde erkennen beim Jagen die Schützenkette, kehren bei ihr um und laufen in das Treiben zurück, denn einmal herausgebrachtes Wild darf nicht weiterverfolgt werden. Sehr genau wissen diese Hunde auch, wann das Treiben beendet ist, sie hören das Abblasen mit den Jagdhörnern und finden sich bald am Sammelplatz ein. Das Reagieren auf das Jagdhorn kann ebenfalls geübt werden.
Einen unerfahrenen, jungen Hund sollte man zunächst beim Stöbern durch die Dickung an der Leine mitnehmen, was manchmal nicht ganz einfach ist, doch lernt er auf diese Weise gut die Atmosphäre der Drückjagd kennen, bei der das Wild aus der Dickung herausgetrieben wird. In übersichtlichem Gelände kann man den jungen Teckel schon einmal schnallen. Hat der Hund einige Male eine solche Jagd miterlebt, erkennt er, welche Rolle er dabei spielen soll.
Mit gut stöbernden Hunden ist ein Teckelbesitzer gern auf Drückjagden gesehen.

Schweißarbeit

Die Schweißarbeit, das Nachsuchen angeschossenen Wildes, ist dem Teckel als weitere Aufgabe zu übertragen. Prinzipiell eignet er sich dafür ja besonders gut, da er seine Nase tief am Boden hat und mit seinen kurzen Läufen nicht so schnell ist. Das hat den Vorteil einer gründlichen, ruhigen Suche. Aber gerade diese Disziplin muß mit dem Hund geübt werden, denn hier kommt es auf die gute Zusammenarbeit mit dem Führer an.

Am langen Riemen sucht der Teckel die Schweißfährte

Wichtig: Nicht jeder Teckel läßt sich als Schweißhund einsetzen. Ein sehr temperamentvoller, harter Hund wird eher ein guter Stöberer sein.

Voraussetzungen für den Schweißteckel sind ein ruhiges Temperament, ein gute Nase und Finderwille sowie Intelligenz. Besitzt er diese Eigenschaften, so ist der Hund auch leichtführig und kann bei richtiger Einarbeitung vorzügliche Leistungen erbringen.

◆ *Natürliche und künstliche Wundfährte*

Darüber ist schon viel geschrieben worden; in diesem Rahmen können nur kurze Hinweise gegeben werden. Ist der Führer und Eigentümer des Teckels Jäger, dann sollte er auch so früh wie möglich jede Gelegenheit nutzen, mit seinem Hund zu üben, das heißt bereits ab einem Alter von 6 bis 8 Monaten. Hat er zum Beispiel ein Stück Wild erlegt, dann sollte er seinem Hund auch die Möglichkeit einer Nachsuche geben. Wenn das Stück im Feuer liegt, kann er es eine kurze Strecke schleppen, um den jungen Hund diese Schleppe arbeiten zu lassen. Sind das auch nur kurze Strecken, so hat der Dackel doch am Ende das Stück Wild gefunden und weiß nun, daß eben dies von ihm verlangt wurde. Dieses Erfolgserlebnis, nämlich das Stück Wild, „seinen Bock", gefunden zu haben, wird sich dem passionierten Hund einprägen und daher in Zukunft weitere Erfolge ermöglichen.

In den wenigsten Fällen hat man Gelegenheit, einen Hund auf der natürlichen Wundfährte einzuarbeiten. Hier muß man mit der künstlichen Rot- oder Wundfährte beginnen. Es gibt zwei Möglichkeiten, den Schweiß zu legen:

- das Tropfen
- das Tupfen

Wichtig: Sowohl beim Tropfen als auch beim Tupfen muß der Schweiß in gleichmäßigen Abständen verteilt werden.

Für den Fährtenverlauf wählt man am besten Wald mit wechselndem Unterwuchs. Die Fährte kann auch durch ein Stück Weide verlaufen, denn oft wird Wild auf Wiesen und Feldern beschossen. In jedem Fall muß der Führer beim Üben den Fährtenverlauf genau kennen, damit er den Hund rechtzeitig korrigieren kann.

Wichtig: Am Ende einer jeden Fährte muß für den Teckel etwas sehr Reizvolles liegen, worüber er sich freut, der Lohn für seine Suche. Nur so kann man den Finderwillen festigen und fördern. Eine Fährte ohne irgendein Ergebnis am Ende ist sinnlos, da der Teckel nicht begreift, was und wozu er suchen sollte.

Gefunden – der Lohn einer guten Suche

◆ *Das Einüben des Hundes*

Bei einem jungen Hund beginnt man mit einer 400 bis 500 m langen Fährte, die aus Wildschweiß oder einem Gemisch aus Wildschweiß und Rinderblut besteht und 6 bis 7 Stunden alt ist. Die nächste Fährte ist bereits eine Übernachtfährte. Die Witterung des Schweißes fasziniert den Hund. Der Teckel wird einige Meter vor dem Anschuß abgelegt, das ist für die Einstellung auf die nun folgende Aufgabe wichtig. Denn er muß mit Ruhe an die Arbeit gehen. Am Anschuß legt man ihm die breite Lederschweißhalsung mit dem 8 m langen Schweißriemen um. Ist die Vorbereitung beendet, fordert man den Hund mit den Worten „Such verwund" oder nur „Verwund" zur Suche auf. Die Worte sollen ruhig, ja beruhigend gesprochen werden. Verweist der Teckel Schweiß, indem er mit seiner Nase besonders intensiv auf den Boden tupft, so sollte er entsprechend gelobt werden.

Am Ende sollte ein frisch geschossenes Stück Wild liegen. Eine Rehdecke tut es auch. Ein Leckerbissen am Ende der Fährte ist nicht nur Lohn, sondern fördert den Finderwillen. Über die Zahl der notwendigen Übungen läßt sich keine verbindliche Auskunft geben. Der eine Hund lernt schnell, der andere braucht länger. Höchstens einmal wöchentlich ist

Ob es wohl noch weit ist bis zum nächsten Fuchsbau?

Mal sehen, ob ich da gut hineinkomme

eine Übungsfährte zu arbeiten, denn zu häufiges Üben führt zu Überdruß. Abschließend sei gesagt, daß die Schweißarbeit wohl die Krönung der Gebrauchsarbeit mit dem Teckel darstellt. Sie ist aber auch die arbeitsaufwendigste Abrichtung und erfordert vom Führer die größte Selbstbeherrschung und das feinste Fingerspitzengefühl. Doch es gibt nichts Schöneres, als mit einem gut eingearbeiteten, sicheren Teckel erfolgreich Nachsuche zu machen. Nach mühevollem Durchkriechen von schier undurchdringlichen Dickungen, gepeinigt von aufkommenden Zweifeln und von Zweiflern am Dickungsrand plötzlich am Wild zu sein! Ein solcher Erfolg ist Lohn für alle Mühe und bietet die beglückende Bestätigung, daß der Hund doch wieder recht gehabt hat. Ihm gilt der Dank für die erfolgreiche Schweißarbeit.

Unser Tip

Bringt Ihr Teckel die Veranlagung zum Verweisen von Schweiß- und Wundwitterung mit, so gilt es, sein Talent auf alle Fälle zu erhalten und zu fördern.

Bauarbeit

Die Bauarbeit ist des Teckels ureigene Sache. Mut, Eigenwille und Wendigkeit prädestinieren ihn dafür, doch gelten auch hier wieder Einschränkungen: Der Teckel darf nicht zu groß und zu stark gebaut sein, da ein Fuchsbau häufig steile und enge Stellen aufweist, die sonst ein unüber-

Ein bißchen Mühe kostet die Baujagd schon

Hoffentlich ist mir am Ende auch Erfolg beschieden

windliches Hindernis darstellen können. Manche Teckel sind aber für diese Arbeit an sich zuwenig passioniert.

◆ *Einarbeitung am Kunstbau*
Bevor der Teckel für die Bauarbeit abgerichtet wird, muß er ausgewachsen und in vollem Besitz seiner Kräfte sein. Man arbeitet ihn zunächst am Kunstbau ein, wo er die ersten Erfahrungen mit dem Fuchs macht.
Einen völlig unerfahrenen, jungen Teckel in den Naturbau zu lassen ist verantwortungslos. Es gibt Kunstbaue, an denen das Üben unter fachkundiger Aufsicht stattfindet. (Die örtlichen Gruppen des Deutschen Teckelklubs informieren darüber). Der Teckel übt das Schliefen, bis er den sicher abgeschieberten Fuchs (Hund und Raubwild sind durch ein Metallgitter voneinander getrennt) gefunden hat und ihn verbellt. Er lernt dabei das Suchen im Bau, das Überwinden von Engstellen und Hindernissen (Steilstellen und Sandhaufen). Er lernt das Verfolgen des Raubwildes und das Vorliegen. Hat er all dies erlebt und zeigt er Mut, dann kann dieser Hund für die Naturarbeit eingesetzt werden. Die richtige Erfahrung bekommt er ohnehin erst durch den praktischen Jagdeinsatz.

◆ *Die Baujagd*
Sie findet in den meisten Fällen im Winter statt, besonders wenn eine „Neue“, das heißt Neuschnee gefallen ist. Der Jäger fährtet am Morgen die ihm bekannten Baue ab, um festzustellen, welcher befahren ist. Zu die-

Stolz zeigt „Janosch von Schlendrian" seine Beute – zwei Füchse an einem Vormittag

sem begeben sich die Jäger und der Teckelführer so geräuschlos wie möglich und stellen sich so auf, daß die Röhren des Baus gut zu beobachten sind, sie selbst aber ein freies Schußfeld haben. Disziplin und absolute Ruhe sind dabei geboten, da Füchse ein sehr feines Gehör besitzen und das Angehen der Jäger früh wahrnehmen können.
Haben die Jäger ihren Stand eingenommen, wird der Teckel in den Bau geschickt. Er sucht sich den Einlaß, die Röhre mit der stärksten Witterung, und schlieft ein. Für den Jäger beginnt das Warten. Hat der Hund einen Fuchs gefunden, gibt er Laut und versucht den Fuchs durch sein Bellen aus dem Bau zu treiben. Gelingt das nicht, wechselt der erfahrene Teckel öfter die Röhre. Häufig springt der Fuchs dann pfeilschnell aus dem Bau, nicht selten hat der Jäger so das Nachsehen.
Sollte sich ein Fuchs im Bau stellen oder verklüften, ist es schwierig für den Hund, den Fuchs zu sprengen. Hier soll der Teckel „vorliegen". Vom Jäger wird dann ein Einschlag gemacht, der Fuchs wird ausgegraben.

Wichtig: Ein Teckel darf nie mit einer Halsung in den Bau geschickt werden. Zu leicht kann er damit an einer Wurzel hängenbleiben.

Was Sie für die Bauarbeit brauchen:
- Spaten
- Schaufel
- Hacke
- Axt
- Taschenlampe

Unser Tip

Bei einem Felsenbau sollten Sie auf die Arbeit mit einem Hund verzichten. Hier ist eine Ansitzjagd angebracht (ein Jäger sitzt an einer von ihm ausgewählten Stelle im Revier an, um dort auf das Wild zu warten).

Generelle Voraussetzung ist, der Bau läßt sich graben und liegt nicht im Felsgestein.

◆ *Wenn der Teckel nicht wiederkommt, ...*

Bleibt ein Teckel unverhältnismäßig lange im Bau, ist guter Rat teuer, vor allem, wenn kein Laut von ihm zu hören ist. Möglicherweise ruht sich der Hund einmal aus, wenn die Arbeit bislang hart war. Er kann aber auch so tief in der Erde sein, daß man weder einen Laut noch das Buddeln hören kann, oder er ist verklüftet. Erscheint Graben nicht angebracht, bleibt nichts anderes übrig als zu warten. Ein Führer, der in der Nacht nicht am Bau bleiben kann, legt Decken und Mäntel aus und kontrolliert beides im Abstand von wenigen Stunden. Im Bau ist es nämlich trotz der Winterkälte verhältnismäßig warm, so daß der Hund, bleibt er darin, nicht erfriert. Es sind Fälle bekannt, in denen Teckel noch nach mehreren Tagen wieder herauskamen.

Wichtig: Nur gesunde, gut durchtrainierte Teckel sollen für die Bauarbeit eingesetzt werden, denn direkte Kontakte mit dem Raubwild können zu Verletzungen führen.

Kaninchensprengen

Im Verhältnis zu früher gibt es heutzutage nur noch wenige jagdlich gute Kaninchen- und Zwergteckel, die ihrer eigentlichen Aufgabe, der Kaninchenjagd, gerecht zu werden vermögen.
Bei dieser Art von Jagd werden die Teckel in einen Kaninchenbau geschickt und sollen – ähnlich wie bei der Fuchsjagd – die Kaninchen zum Verlassen des Baues bringen. Darüber hinaus haben die Hunde angeschossene oder frisch verendete Kaninchen aus dem Bau herauszuziehen. Für Kaninchen und Zwergteckel gibt es eine besondere Prüfung, bei der sie eine Schleppe von 250 m am Riemen arbeiten und dann ein Kaninchen aus einem Bau ziehen müssen.
Nicht unerwähnt bleiben darf, daß es einige Zwergteckel gibt, die bei allen großen Prüfungen gute Erfolge erzielt haben.

Jagdgebrauchsprüfungen

Hier ein kurzer Überblick über die einzelnen Prüfungen, die von DTK durchgeführt werden. Sie sind vom Jagdgebrauchshundeverband anerkannt. Internationale Prüfungen sind vom VDH geschützt.

Spurlautprüfung

Das ist eine reine Anlagenprüfung, bei der der Teckel seinen Spurlaut nachweisen muß. Auf einer noch warmen Hasenspur in übersichtlichem Gelände hat er Laut gebend die Spur zu arbeiten, ohne den Hasen gesehen zu haben, und zwar je weiter, desto besser. Nach bestandener Prüfung erhält er in seine Ahnentafel das *Leistungszeichen „Sp."* eingetragen.

Schweißprüfung

Auf einer 1 000 bis 1 200 m langen Übernachtfährte, die mit reinem Wildschweiß oder einem Wildschweiß-Rinderblut-Gemisch getropft oder getupft ist und drei rechtwinklige Haken im Fährtenverlauf aufweisen muß, hat der Teckel an einem 6 bis 8 m langen Schweißriemen zu arbeiten. Er darf sich bei der Suche nicht durch sogenannte Verleitfährten, die von anderem Wild während der Nacht verursacht worden sind, von der ihm gestellten Aufgabe „verleiten" lassen. Er muß bis zu dem am Fährtenende liegenden Stück sicher und zügig suchen, doch ohne zu rasen.

Diese Aufgabe verlangt eine gute Zusammenarbeit zwischen dem Teckel und seinem Führer. Von beiden wird höchste Konzentration gefordert, denn eine Suche ist ein anstrengende Unternehmung. Das *Leistungszeichen „Schwhk"* wird eingetragen.

Stöberprüfung

Diese Prüfung besteht aus mehreren verschiedenen Aufgaben. Zunächst wird der Teckel auf seinen Gehorsam geprüft. Er muß an der Leine oder frei bei Fuß gehen und hat stehen zu bleiben, wenn es der Führer auch tut. Die zweite Aufgabe besteht darin, daß der Teckel auf einem Rucksack, einer Jacke oder einer Decke abgelegt

Den Bock gefunden – nach bestandener Prüfung erhält der Führer den Bruch (einen Eichen- oder Fichtenzweig), der Hund eine Belohnung

wird; der Führer entfernt sich vom Hund so weit, daß dieser ihn nicht mehr sehen kann. Nun muß der Teckel 5 Minuten still auf dem Platz sitzen bleiben. In dieser Zeit werden zwei Schüsse abgegeben.
Die dritte Aufgabe ist das „Treiben auf dem Stande“. Führer und Teckel werden an den Dickungsrand gestellt, durch die Dickung gehen Treiber und Schützen, es wird mehrfach geschossen. Der Teckel hat ruhig bei seinem Führer zu bleiben.
Nun beginnt das eigentliche Stöbern. Jeweils ein Teckel wird in eine ihm zugeteilte Dickung geschickt, der Führer gibt ihm das Kommando zum Suchen. Jetzt muß der Dackel allein die Dickung durchsuchen, das Wild darin „aufstöbern“ und es lauthals so lange verfolgen, bis es die Dickung verläßt.
Findet ein Teckel nichts, obwohl Wild vorhanden ist, so besteht er die Prüfung nicht. Hat er jedoch bestanden, erhält er das *Leistungszeichen „St“.*

Vielseitigkeitsprüfung

Bei dieser Prüfung hat der Teckel seine jagdliche Vielseitigkeit zu beweisen. Innerhalb von 1 bis 2 Tagen werden die drei vorher beschriebenen Prüfungsfächer mit geringen Abweichungen vom Teckel verlangt:

- Die *Schweißfährte* ist bei der Vielseitigkeitsprüfung nur 600 m lang und muß eine Übernachtfährte sein.
- Bei der *Stöberprüfung* muß der Hund seinen Stöberwillen zeigen, braucht jedoch kein Wild zu finden, um zu bestehen. Die Gehorsamsfächer bleiben gleich.
- Die *Spurlautprüfung* wird in vollem Umfang beibehalten.

Zeigt der Teckel in allen drei Fächern die geforderte Leistung, so besteht er die Prüfung und erhält das *Leistungszeichen „Vp“.*

Kaninchenschleppe

Diese Prüfung ist den Kaninchen- und Zwergteckeln vorbehalten. Mit einem frisch geschossenen Kaninchen wird eine 250 m lange Schleppe gezogen und das Kaninchen am Ende in einen Kaninchenbau gesteckt. Der Teckel muß nun 200 m lang am Schweißriemen die Schleppe suchen, die letzten 50 m hat er frei zum Bau zu suchen und dort das Kaninchen aus dem Bau zu ziehen. Das *Leistungszeichen „KSchlH“* wird vergeben.

Baueignungsbewertung

Diese Aufgabe dient der Einübung des Teckels für die praktische Arbeit im Naturbau.

Haltung und Pflege

Spiel und Sport mit dem Hund

Das richtige Spielzeug

Junge Hunde sind wie Kinder, sie wollen toben und spielen. Je mehr Abwechslung und Spielzeug, desto einfallsreicher und vielfältiger sind die Spiele, und desto mehr wird die Intelligenz des Hundes gefördert. Spielen sollen die Welpen, sobald sie zu laufen beginnen, also schon im Alter von 4 bis 5 Wochen. Man befaßt sich deshalb bereits dann spielend mit ihnen. Je früher, desto zutraulicher und gelehriger werden sie. Einfaches Spielzeug sind Bälle jeder Art. Der Teckel wirft und rollt sie, größere werden für raffinierte Nasenspiele verwendet. Hartgummibälle bieten sich an, sie sollten aber nicht zu klein sein, da sie von heranwachsenden Hunden sonst zu leicht verschluckt werden können. Tennisbälle eignen sich bestens, sie müssen auch nicht neu sein. Für das gemeinsame Spiel mehrerer Teckel kann man einen Tennisball in einen alten Strumpf stecken. Er darf aber den Tieren nur unter Aufsicht überlassen werden, da die Gefahr besteht, daß sie sich strangulieren.
Ausrangierte Haus- oder Lederschuhe bieten sich für den jungen Hund an. Man braucht kein teures Hundespielzeug, das es in großer Auswahl zu kaufen gibt. Einfache Dinge, die kein oder nur wenig Geld kosten, tun es genauso wie teure Spielmäuse, die, sobald der Hund mehrmals kräftig zugebissen hat, ohnehin verstummen und dann nur noch nach Gummi stinken.
Beim Spielen mit dem Hund kann man dessen natürlichen Apportiersinn fördern. Hierzu eignen sich am

Mit Bällen und in Gesellschaft läßt es sich herrlich spielen

Unser Tip

Geben Sie Ihrem Hund natürliches Spielzeug wie Mohrrüben, Kartoffel- oder Apfelstückchen! Solche Spielsachen – die am Ende gefressen werden – sind nicht nur ungefährlich, sondern auch noch gesund.

besten Bälle, Stöcke oder Holzstücke jeder Art und Größe, die nicht splittern und nicht mit imprägnierenden Mitteln behandelt worden sind, also Stöcke, die man beim Spaziergang im Wald findet.
Bringt der Hund den Stock oder das Stück Holz, so wird er tüchtig gelobt. Diese Übung kann man öfter wiederholen.

Das Apportieren kann auch von einem Teckel, der im Jagdgebrauch steht, nicht als selbstverständliche Leistung erwartet werden, weil er kein Apportierhund ist. Er bringt bei der Jagd die Beute herbei, wenn sie an Größe und Gewicht teckelgerecht ist. Dazu gehören Kaninchen, leichtes Flugwild und auch Enten, die aus Teichen und Flüssen an Land zu holen sind.

Begleithundeprüfung

Die Begleithundeprüfung ist eine für den Teckel relativ neue Prüfung; sie setzt sich aus drei Hauptteilen zusammen, die aber auch jeder für sich absolviert werden können.
Sinn dieser Prüfung ist es, den Hund auf sein Verhalten im Umgang mit Menschen und mit Artgenossen zu testen und seinen Gehorsam zu demonstrieren. Des weiteren muß der Hund seinen Führer, der sich versteckt hat, suchen und finden. Seine Wasserfreudigkeit soll er durch das Apportieren aus dem Wasser beweisen.
Diese Prüfung verlangt Vielseitigkeit, soziales Verhalten anderen Hunden gegenüber und ein hohes Maß an Gehorsam.
Übungsstunden und Prüfungen führen die Ortsgruppen des DTK durch.

Die Ausbildung ist für Hunde und Führer eine gute Schulung, darüber hinaus fördert sie geselliges Miteinander für Zwei- und Vierbeiner.

Agility

Agility ist ein auf Schauen öfter vorgeführter sportlicher Wettkampf. Hunde absolvieren einen Parcours mit unterschiedlichen Hindernissen. Es gibt viele Vierbeiner, die mit großer Begeisterung mitspielen. Voraussetzung ist, daß sie ausgewachsen und voll entwickelt sind, bevor sie für diese Aufgabe eingesetzt werden. Für Teckel halte ich Agility für nicht so geeignet.

Die richtige Pflege

Eine Redensart sagt: „Gut gefüttert ist halb geputzt!“. Das gilt generell in der gesamten Tierhaltung. Ist der Hund gesund und vernünftig gefüttert, so ist die Pflege relativ leicht.

Fellpflege

Am leichtesten zu pflegen ist der *Kurzhaarteckel.* Eine Bürste kennen diese Hunde kaum, sie toben auf dem Rasen, rollen sich gelegentlich auf dem Teppich, und das Fell ist glatt und glänzend.

Auch ein Rauhhaarteckel, mit dem nicht erwünschten weichen, langen Haar

Den *Rauhhaarteckel* muß man öfter bürsten. Ist sein Haar locker, weich und länger geraten, sollte er etwa zweimal im Jahr getrimmt werden, das heißt, daß das zu lange Haar mit einem Trimmesser gekürzt wird, da sonst das Aussehen des Dackels zu sehr von der gewünschten Erscheinung abweicht.

Und so sieht er nach dem Trimmen aus

Den größten Arbeitsaufwand in der Pflege erfordert der *Langhaarteckel,* sollte er doch täglich gebürstet und gekämmt werden. Die Fahnen – die langen Haare an den Läufen und der Rute – darf man jedoch nicht so intensiv kämmen, daß am Ende kaum noch Haare vorhanden sind. Zur Pflege eines Langhaarteckels gehört ebenfalls, daß man von Zeit zu Zeit – je nach Stärke des Haarwuchses – die Haarbüschel zwischen den Zehen abschneidet. Es sieht nicht gut aus, wenn an den Pfoten die Behaarung zu stark ist. Darüber hinaus bedeuten diese Haare im Winter und bei feuchtem Wetter für den Hund eine Behinderung, da sich an den Pfoten schnell

Schmutz-, Schnee- und Eisklumpen bilden, die das Laufen erheblich erschweren. Das gleiche gilt auch für den stark an den Läufen behaarten Rauhhaarteckel.

Ohrenpflege

In regelmäßigen Abständen sind die Ohren zu kontrollieren. Es gibt Hunde, bei denen sie immer sauber sind, aber bei vielen, besonders bei langhaarigen, sammelt sich ziemlich viel Schmutz an. Wird er nicht entfernt, kommt es leicht zu Entzündungen im Gehörgang. Der Hund kratzt sich und ist empfindlich. Die Ohren müssen dann mit einem weichen Papiertuch oder einem Wattestäbchen vorsichtig gereinigt werden.

Wichtig: Auf keinen Fall dürfen Sie Öl in den Gehörgang träufeln!

Liegen Entzündungen, häufig durch Milbenbefall verursacht, vor, so ist ein Besuch beim Tierarzt erforderlich. Besonders gefährdet sind Teckel, die für die Baujagd eingesetzt werden. Sie bringen sich leicht Milben aus dem Bau mit.
Entzündungen im Gehörgang werden als „Ohrenzwang“ bezeichnet, weil die Hunde sich ständig am und im Ohr kratzen.

Mit einem weichen Tuch läßt der Teckel sich gern die Augen säubern

Augenpflege

Sie beschränkt sich im allgemeinen auf ein vorsichtiges Auswischen, wenn sich etwas Schleim gebildet hat. Nach Bau- und Stöberarbeit sind jedoch auch hier besondere Pflegemaßnahmen nötig: Die Augen werden vorsichtig mit einem in lauwarmen Kamillentee oder lauwarmes Wasser getauchten Wattebausch ausgewaschen. Danach gibt man entzündungshemmende Augensalbe in das Unterlid.
Hat ein Hund ohne ersichtlichen Grund ständig tränende Augen, so sollte man den Tierarzt aufsuchen. Die Ursache kann eine Bindehautentzündung sein, die auf Zugluft zurückzuführen ist.

Zahnpflege

Sie ist bei Welpen einfach. Man muß aber im Alter von 6 bis 7 Monaten auf den Zahnwechsel achten.

Wichtig: Besonders ist der rechtzeitige Ausfall der Fangzähne zu kontrollieren. Nicht selten sitzen diese so fest, daß sie vom Tierarzt gezogen werden müssen, wenn die neuen, bleibenden inzwischen schon länger geworden sind als die noch festsitzenden Milchzähne (siehe Abb. unten).

Bei älteren Hunden muß man auf Zahnstein achten, der im Extremfall das Zahnfleisch zurückdrängen und so zu Infektionen führen kann.

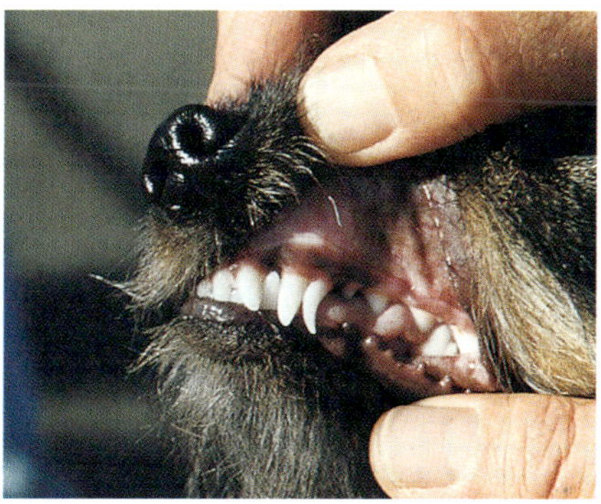

Unser Tip

Der Entstehung von Zahnstein können Sie vorbeugen, wenn Sie Ihrem Dackel Knochen zum Benagen geben; auch Obst und Gemüse wirken sich hier positiv aus. Zähne putzen mit Zahnpasta in verschiedenen Geschmacksrichtungen ist nicht unbedingt nötig!

Krallenpflege

Hunde, die in der Stadt leben und viel auf hartem Pflaster laufen, nutzen sich dort die Krallen ab. Auch Vierbeiner, die viel Gelegenheit zum Buddeln haben, pflegen sich auf diese Weise ihre Krallen selbst. Doch bei älteren Hunden, die nicht mehr so aktiv sind, kann ein Krallenschneiden häufig erforderlich werden. Am besten nimmt man eine eigens dafür bestimmte Spezialzange. Besonders die Afterkralle an den Vorderpfoten wächst stark nach. Wenn Hunde mit dieser gebogen gewachsenen Kralle hängenbleiben, kann es zu schmerzhaften Verletzungen kommen.

Wichtig: Das Schneiden der Krallen muß sehr sorgsam vorgenommen werden, es darf auf keinen Fall zu Blutungen führen. Scharfe Kanten an den Krallen sollen abgefeilt werden.

Vorsicht beim Krallenschneiden! Die Krallen dürfen nicht zu kurz geschnitten werden und sich auf keinen Fall spalten

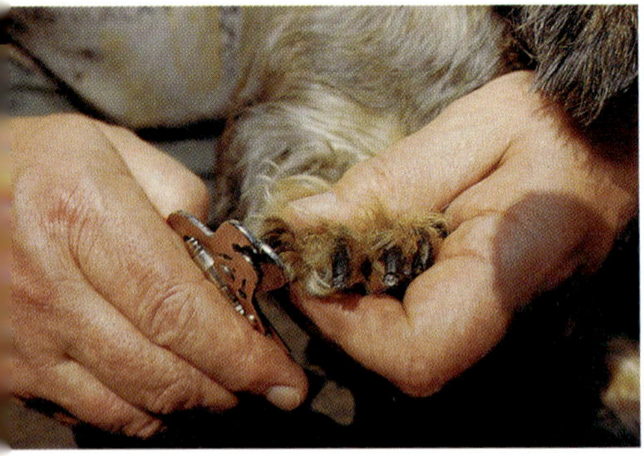

Pfotenpflege

Auch die Pfoten müssen gepflegt werden. Im Winter bei Eis und Schnee ist sehr darauf zu achten, daß der Hund nicht in Streusalz tritt. Es wirkt zusätzlich kühlend und verursacht Schmerzen, auch können schlecht heilende Entzündungen entstehen. Man kann beim Ausgehen sehr bald beobachten, daß der Hund erst auf drei Beinen läuft, bis er zum Schluß gar nicht mehr weiß, welches Bein er noch aufsetzen kann. Teckel, ja alle Hunde, die im Winter bei verharschtem Schnee als Stöberhunde zur Jagd eingesetzt werden, laufen sich dabei

die Pfoten wund. Der Harschschnee schneidet die Ballen wie Glas auf. Nicht selten haben die Tiere nach dem ersten oder zweiten Treiben blutende Pfoten. Solche Verletzungen müssen nach der Jagd sorgfältig gepflegt werden. Am besten eignet sich hierfür eine fetthaltige Salbe, zum Beispiel Vaseline. Auch ist es dringend anzuraten, den Hunden danach einige Tage Ruhe zu gönnen, damit die Schnitte verheilen können.

Die Analdrüsen

Die Duftdrüsen können bei älteren Hunden zur Verstopfung neigen. Sie befinden sich seitlich des Afters und sondern ein Sekret ab, das normalerweise über den After abgeleitet wird. Ist diese Absonderung gehemmt, versucht der Hund sich selbst Erleichterung zu schaffen. Typische Anzeichen dafür sind das sogenannte Rutschen – der Hund sitzt auf seinem Hinterteil und rutscht über den Boden – und ein unaufhörliches Lecken. In diesem Fall müssen die Analdrüsen ausgedrückt werden.

Wichtig: Als Laie sollte man sich an das Ausdrücken der Duftdrüsen lieber nur nach Anleitung durch den Tierarzt wagen. Unsachgemäßes Vorgehen kann nämlich Entzündungen im gesamten Analbereich auslösen.
Das Drüsensekret ist eine äußerst übel riechende, graubraune Flüssigkeit, auch von daher ist also Vorsicht geboten.

Das gelegentliche Bad

Das Bad ist beim Teckel nur höchst selten notwendig. Der gesunde, gut gefütterte Teckel hat glänzendes, den Schmutz abweisendes Fell. Die Bürste entfernt den Staub und die losen Haare daraus.
Ist der Hund nun aber sehr schmutzig geworden oder hat sich in stinkenden Haufen gewälzt, muß er gebadet werden. Das gleiche gilt, wenn er von Ungeziefer befallen ist. Dann verwendet man außerdem ein ungezieferttötendes, desinfizierendes Mittel.
Leidet ein Teckel an einer Hautkrankheit, badet man ihn in einem vom Tierarzt verordneten Heilbad.

Artgerechte Ernährung

Dieses Thema läßt sich hier nur allgemein und kurz gefaßt behandeln, gerade so, daß große Fehler bei der Fütterung vermieden werden.
Der Hund ist von Natur aus zwar ein Allesfresser, es ist aber eine irrige Ansicht, daß man ihn mit Küchenabfällen füttern kann. Auch sollen keine Süßigkeiten als Belohnung verabreicht werden.

Die richtige Futterzusammensetzung

Die Grundlage der Ernährung stellen Fleisch und pflanzliche Produkte dar, ergänzt durch Mineralstoffe und Vitamine. Es gibt im Handel eine Vielzahl von Fertigfuttersorten, die großteils den Nährstoffbedarf der Hunde sehr gut decken.

Fertigfutter

Was versteht man darunter?
Fertigfutter kann sein:
◆ Ein Feuchtfutter aus Dosen, das dem Hund leicht angewärmt als Alleinfutter gereicht wird
◆ Trockenfutter in unterschiedlicher Preßform, ebenfalls als Alleinfutter; man kann es dem Hund zur freien Aufnahme hinstellen
◆ Trockenfutter in Flockenform, als Allein- oder als Zusatzfutter

Wichtig: Besonders wenn der Hund Trockenfutter erhält, muß ihm immer ein Napf mit frischem Wasser zur Verfügung stehen.

Für welches Futter Sie sich auch entscheiden, auf jeden Fall sollten Sie den Fütterungshinweis der Herstellerfirma beachten. Namhafte Futtermittelhersteller führen sogar Beratungsabende durch, hier kann der Hundehalter Anregungen bekommen.

Welches Futter soll man wählen?
Das hängt von verschiedenen Faktoren ab:

- Das Alter des Hundes spielt eine Rolle: Welpen bis ca. 1/2 bis 3/4 Jahr erhalten Welpenkost, später das Futter für erwachsene Hunde. Für alte Tiere gibt es Spezialnahrung.
- Die Belastung ist zu beachten: Ein Hund in der Ausbildung, der viel Bewegung hat, braucht kalorienreiches Futter. Weniger belastete Hunde werden mit dem normalen Futter ausreichend ernährt.
- Der Gesundheitszustand ist wichtig: Kranke Hund benötigen auch Spezialnahrung.

Welche Fütterung Sie nun wählen, hängt von Ihrem Hund ab.

Wichtig: Denken Sie daran, daß auch ein Vierbeiner zwar Abwechslung braucht und liebt, daß aber eine totale Futterumstellung zu Durchfall führen kann.

Unser Tip

Flockenfutter können Sie zwar trocken verfüttern, doch empfehlenswerter ist es, es ca. 1/2 Stunde vorher einzuweichen.

Eigene Futterzubereitung
Wer das Hundefutter selbst zubereiten will, muß darauf achten, daß der Hund, der ja ein Allesfresser ist, auch alle wichtigen Nährstoffe, Vitamine und Mineralstoffe erhält:

- Für die Versorgung mit *Eiweiß* braucht er Fleisch; hier eignen sich Herz, Leber, Nieren, Pansen und Blättermagen. Um den Tagesbedarf eines ausgewachsenen Hundes zu decken, muß das Futter mindestens zu einem Drittel aus Fleisch bestehen.
Auch Fisch und Geflügel sind sehr gute Eiweißträger.

Wichtig: Fleisch sollten Sie immer nur abgekocht verfüttern.

Damit der Hund genügend Kohlenhydrate bekommt, muß man ihm Futterflocken oder auch Haferflocken geben. Gekochter Reis eignet sich ebenfalls.

Gemüse liefert dem Vierbeiner die nötigen Vitamine und Mineralstoffe. Der tägliche Speisezettel läßt sich mit einer Reihe von Sorten bereichern. Denken Sie daran, daß der Hund wirklich ausreichend mit Vitaminen und Mineralstoffen versorgt sein muß; gegebenenfalls können Sie noch auf im Handel erhältliches Zusatzfutter zurückgreifen.

Das Futter wird entweder mit warmem Wasser oder mit Brühe angerührt.

Wichtig: Kekse und Kräcker zwischendurch sollten unbedingt tabu sein.

Unser Tip

Rohe Möhren, gekochtes Gemüse jeder Art sowie Äpfel, Birnen, Beeren und Bananen, aber auch Milch- und Quarkprodukte bereichern den Futterplan.

Futtermenge und Anzahl der Mahlzeiten

Welpen und Junghunde werden 3mal täglich gefüttert. Erwachsene Teckel erhalten 1mal täglich ihre Hauptmahlzeit, können am Morgen und am Abend aber kleine Bröckchen oder $^1/_4$ Schnitte Brot bekommen.

Die Futtermenge kann sehr verschieden sein, hier muß der Besitzer nach seinem Augenmaß gehen. Es gibt Dackel, die leichtfüttrig sind, ja bei denen man das Futter sehr genau dosieren muß, andere wiederum brauchen wesentlich mehr und bleiben dennoch schlank. Als Orientierungswert können hier 30 bis 65 g Feuchtfutter je kg Körpergewicht genannt werden. Das entspräche bei einem ausgewachsenen Teckel von 7 bis 9 kg Körpergewicht etwa 500 g Feuchtfutter.

Bei Teckeln, die zu dick geworden sind, muß man die Futtermenge reduzieren. Man kann auch kalorienärmeres Futter geben bzw. das Futter mit Magerquark und gekochtem Reis strecken. Einen „Hungertag“ in der Woche lehne ich grundsätzlich ab. Ein Hund braucht seine Regelmäßigkeit, auch bei der Fütterung.

Die Läufigkeit – (k)ein Problem

Wer Besitzer einer Hündin ist, muß wissen, daß sie etwa alle 6 Monate für ca. 3 Wochen heiß wird. Mit Eintritt der ersten Hitze ist die Hündin geschlechtsreif und könnte von da an Welpen zur Welt bringen.
Die erste Hitze stellt sich im Alter von 7 bis 9 Monaten ein. Sie ist an einer Schwellung des äußeren Geschlechtsteils (Schnalle) und einer mehr oder weniger starken Blutung erkennbar. Man sagt, „die Hündin färbt". Es gibt Hündinnen, die sehr stark färben und überall Spuren hinterlassen, wieder andere sind kaum geschwollen und färben weniger.
In dieser Zeit muß man auf die Hündin besonders aufpassen; sie darf nicht frei herumlaufen, denn nicht nur die Rüden kommen zu ihr, sie selbst hat auch den Drang, einen Rüden zu suchen.
Die Hitze dauert im allgemeinen etwa 3 Wochen, gerechnet vom ersten Tag des Färbens an. In der Regel ist die Hitze am 18. Tag beendet, in Ausnahmefällen dauert sie länger. Man muß seine Hündin daraufhin genau beobachten.

Hier wird sich bald Nachwuchs einstellen

Soll eine Hündin belegt – gedeckt – werden, so ist hierfür der 9. bis 13. Tag am günstigsten. In dieser Zeit bietet sie sich dem Rüden geradezu an. Sie dreht mit der Rute, wenn man ihr über den Rücken streicht.
Wie kann man sich vor der Belästigung durch fremde Rüden schützen? Die sicherste Methode ist, die Hündin einzusperren. Zum Ausgehen fährt man möglichst mit dem Auto ein Stück ins Grüne, um dort mit ihr zu laufen.

Wichtig: Manche Hündin zeigt während und auch schon kurz vor Eintritt der Hitze eventuell ein verändertes Wesen. Das kann die Leistung bei der Jagd und auf Prüfungen beeinträchtigen. Heiße Hündinnen dürfen an einer Jagd auch nicht teilnehmen.

Unser Tip

Im Handel gibt es Tabletten und Sprays, die die Brunftwitterung mindern, doch als letzte Sicherheit bleibt nur das Einsperren der heißen Hündin.

Scheinträchtigkeit

Nach Abklingen der Hitze ist die Hündin wieder ganz „normal“. Es kommt vor, daß sie etwas ruhiger wird. Man sollte darauf achten, daß sie nicht mehr frißt als üblich, denn es gibt Hündinnen, die zur Scheinträchtigkeit neigen. Etwa 10 bis 14 Tage nach dem „Wurftermin“ setzt auch der Milchfluß ein. Ja, Hündinnen produzieren Milch, ohne geworfen zu haben, sie saugen sich zum Teil selbst ab und regen damit den Milchfluß an. Nach meiner Erfahrung ist die tägliche Fütterung zu reduzieren, das Gesäuge zu kühlen und der Hündin viel Bewegung zu verschaffen. Es gibt Salben für das Gesäuge, homöopatische Mittel, auch Hormonbehandlungen, letztere werden im äußersten Fall angewendet.
Wird die Hitze durch eine Hormonbehandlung verhindert, kann 8 Wochen später die Scheinträchtigkeit trotzdem auftreten.

Sterilisieren bzw. Kastrieren

Die Sterilisation ist bei Hunden wesentlich weniger verbreitet als zum Beispiel bei Katzen. Ich würde sie nicht empfehlen, wenn kein zwingender Grund aus medizinischer Sicht vorliegt. Das Wesen des Hundes wird doch verändert, außerdem neigen die Hündinnen zur Gewichtszunahme. In jedem Fall muß die Hündin ausgewachsen, mindestens aber über 15 Monate alt sein.
Die Kastration des Rüden unterbindet bei ihnen den Drang, zur heißen Hündin zu laufen, sie werden ruhiger. Es gibt auch medizinische Gründe für einen derartigen Eingriff.

Das Thema Gesundheit

Die richtige Gesundheitsvorsorge

Die Grundvoraussetzungen dafür, daß Ihr Hund gesund bleibt, sind:

- optimale Haltungsbedingungen
- Sauberkeit
- artgerechte Fütterung
- regelmäßige Wurmkuren
- Impfungen

Hat sich der Hund trotz der Vorbeugungsmaßnahmen außerhalb seines Heims Parasiten wie **Flöhe** oder **Milben** eingefangen, zum Beispiel im Naturbau, kann man ihm ein Anti-Ungeziefer-Halsband umlegen. Diese Halsbänder wirken ebenfalls gegen **Zecken,** die in manchen Gegenden, und dort besonders im Wald, stark auftreten. Als Vorbeugung gegen Ungeziefer gibt es im Fachhandel bewährte Mittel.

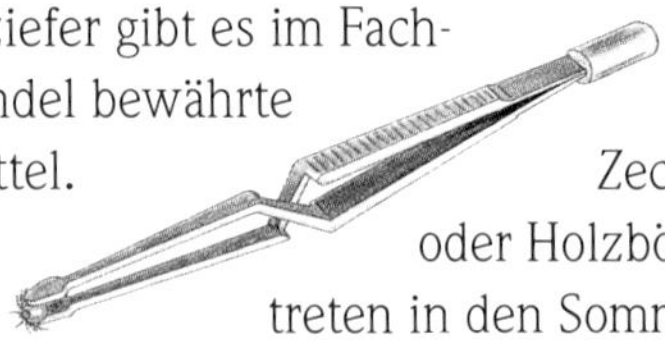

Zecken oder Holzböcke treten in den Sommermonaten auf; sie befallen Hunde wie Menschen und müssen sehr vorsichtig entfernt werden. Auf keinen Fall darf man eine Zecke einfach aus der Haut reißen, denn zu oft bleibt der Kopf unter der Haut stecken und verursacht dadurch Entzündungen. Auch Hunde können durch einen Zeckenbiß Borreliose bekommen.
Wenn Sie nicht nur auf die Hygiene achten, sondern auch alle Pflegemaßnahmen, die im Kapitel „Die richtige Pflege“ (Seite 63 ff.) erläutert sind, korrekt durchführen, so haben Sie bereits einen wesentlichen Beitrag zur Gesunderhaltung Ihres Teckels geleistet.

Wichtig: Entwurmen Sie den Hund regelmäßig, und halten Sie den nebenstehenden Impfplan genau ein.

Die Wurmkuren

Würmer, auch Endoparasiten genannt, können als Darmschmarotzer Hunde und auch Menschen befallen. Die bekanntesten Würmer unserer Hunde sind

- Spulwürmer
- Peitschenwürmer
- Hakenwürmer
- Bandwürmer

Grundsätzlich ist jede Art von Wurmbefall wegen der Gefahr für den Menschen ernst zu nehmen.
Regelmäßige Wurmkuren sind die sicherste Vorbeugungsmaßnahme, und es ist nicht übertrieben, einen Teckel alle 4 Wochen entsprechend zu behandeln, wenn Kinder im Haus sind. Man halte sich nur vor Augen, daß der Zyklus eines Spulwurms 28 Tage beträgt.
Alle 6 bis 8 Monate ist eine Bandwurmkur angebracht. Besonders bei jagdlich geführten Teckeln ist sie nötig, denn Hase und Kaninchen dienen dem Bandwurm als Zwischenwirt.

Nicht vergessen: die Impfungen

Als vorbeugende Impfung für den Teckel ist die kombinierte SHL + P Impfung gegen *Staupe, Hepatitis* (infektiöse Leberentzündung), *Leptospirose* (Stuttgarter Hundeseuche) und *Parvovirose* in jedem Fall zu empfehlen. Kein Hund sollte ohne diese

Impfplan

Erstimpfung (Grundimmunisierung)	8. Lebenswoche	Impfung gegen Staupe, Hepatitis c. c., Parvovirose und Leptospirose. Ist die Impfung beim Züchter erfolgt, auf entsprechende Eintragungen im Impfpaß achten!
	12. Lebenswoche	Impfung wie oben oder mit zusätzlichem Schutz gegen Tollwut
1. Wiederholung	nach 1 Jahr	gegen alles plus Tollwut
Weitere Wiederholungen	jährlich	Tollwut, Leptospirose
	alle 2 Jahre	Staupe, Hepatitis c. c., Parvovirose

In Sonderfällen, etwa bei kranken oder verletzten Hunden, besonderer Infektionsgefahr oder anderem, wird der Tierarzt den Plan entsprechend ändern.

Schutzimpfung sein. Dazu kommt noch die Tollwutschutzimpfung, die laut Gesetz alle 12 Monate zu wiederholen ist. Kein Jagdteckel darf heute ohne diese Schutzimpfung ins Revier gelassen werden. Die Tollwut wird durch das Eindringen des Speichels der tollwütigen Tiere in Bißverletzungen und Wunden übertragen; sie ist für den Menschen sehr gefährlich und führt bei Ausbruch ausnahmslos zum Tod.

Sehr wichtig: vernünftige Fütterung, ausreichende Bewegung

Wenn Sie Ihren Dackel vernünftig füttern und ihm genügend Bewegung verschaffen, verhindern Sie von vornherein das Enstehen von Krankheiten, die durch zu reichliche oder durch falsche Ernährung hervorgerufen werden. Ein Teckel, der an Überernährung leidet, ist anfällig für Herz- und Kreislaufstörungen, auch für Zuckerkrankheit. Er ist in seinen Bewegungen erheblich behindert und läuft sich wund. Auch macht ihn das Übergewicht durch die Belastung im Rückenbereich anfällig.
Wenn Sie alle genannten vorbeugenden Maßnahmen beachten, können Sie bereits eine ganze Reihe von Erkrankungen verhindern. Es gibt darüber hinaus aber noch eine Viel-

zahl von Krankheiten, die im Ernstfall unbedingt vom Tierarzt behandelt werden müssen.

Gesundheitsstörungen, Verletzungen und ernsthafte Erkrankungen

Was kann der Teckelbesitzer selbst behandeln, wann ist der Tierarzt aufzusuchen ? Ein Teckelbesitzer hat seinen Hund so gut zu kennen, daß er durchschaut,wann er eine Unpäßlichkeit oder Krankheit nur vortäuscht und wann er wirklich krank ist. Es gibt unter den Dackeln perfekte Schauspieler, die genau wissen, daß sie liebevoll umsorgt werden, wenn sie sich nicht ganz wohl fühlen.
Diese Möglichkeit spielen sie dann gekonnt mit einer Leidensmiene aus. Sie finden es sehr schön und genießen es, Mittelpunkt einer um sie

besorgten Familie zu sein, doch ein Zauberwort wie „ausgehen" läßt sie blitzschnell alle Leiden vergessen!

Wichtig: Ist ein Teckel wirklich krank, sollten sie diese Tatsache unbedingt ernst nehmen und einen Tierarzt aufsuchen.

Ein tatsächlich kranker Dackel wird zunächst die Futteraufnahme verweigern, er friert und zittert, zieht sich in seinen Korb zurück und nimmt keinen Anteil am Familienleben. Die Augen haben einen traurigen Ausdruck, die Nase ist bei Fieber trocken und heiß, der Körper fühlt sich kalt an. Vermutet man, daß der Hund fiebert, so mißt man mit einem normalen Fieberthermometer im Mastdarm 3 bis 5 Minuten lang die Temperatur. Hunde haben normalerweise eine Körpertemperatur von 37,5 bis 39,0°. Steigt die Quecksilbersäule auf über 39,0°, so hat sich der Verdacht bestätigt, und der Hund ist krank. Kennt man die Ursache nicht, sollte man einen Tierarzt aufsuchen. Häufig handelt es sich um eine Erkältung. Sie ist bei Hunden auch von Mandelentzündungen und Husten begleitet. Außerdem können Blasen- und Nierenentzündungen auftreten, die Lähmungserscheinungen auslösen. Der Hund muß warm gehalten werden, eine Wärmflasche oder eine Rotlichtlampe ist angebracht.

Verdauungsstörungen

Hier muß man nach dem Auslöser suchen und den Teckel sofort auf leichte Kost oder nur auf Tee setzen.

Bei **Durchfall** kann eine Erkältung verantwortlich sein, ebenso aber ein krasser Futterwechsel. Oder es kündigt sich vielleicht eine ernsthafte Erkrankung an; weiter muß man die Aufnahme von Gift in Betracht ziehen.

Wichtig: Sollte Blut im Kot vorhanden sein oder Verdacht auf eine Vergiftung bestehen, muß der Hund schnellstens zum Tierarzt gebracht werden.

Die Gefahr einer Vergiftung ist für den Teckel nicht auszuschließen. Es kann passieren, daß er an unvorsichtig ausgelegtes Gift gerät. Auch Spritzmittel verursachen Vergiftungen, die unter Umständen zum Tode führen.
Bei allen Vergiftungserscheinungen (beispielsweise Erbrechen, Durchfall oder Taumeln) ist Eile geboten. Zeigt ein Teckel eines der Symptome oder haben Sie die Giftaufnahme beobachtet, müssen Sie sofort einen Tierarzt aufsuchen und – wenn möglich – das aufgenommene Gift benennen. Gegenmaßnahmen werden dann gezielt eingeleitet.
Je nach Giftart und seiner Wirkung kann der Hund ganz gesund werden oder Dauerschäden zurückbehalten, aber auch später an den Folgen der Vergiftung eingehen. Erblinden, Lähmungserscheinungen und Haarausfall können durch Vergiftungen hervorgerufen werden.
Teckel mit Durchfall erhalten Fencheltee mit etwas Traubenzucker, denn wichtig ist die Zufuhr von Flüssigkeit, besonders bei Welpen oder Junghunden. Sollte der kleine Patient die Aufnahme verweigern, können Sie einige Teelöffel voll Tee seitlich in die Backentasche geben. Als Futter ist zunächst eine Haferflockenschleimsuppe oder ein Haferflockenbrei mit Frühkarotten zu empfehlen, die es für Säuglinge im Handel gibt, dazu etwas roher, geriebener Apfel, später leicht verdauliche Kost mit hohem Ballaststoffanteil. Auch Knochen wirken stopfend. Ist der Durchfall harmlos, wird er in wenigen Tagen behoben sein. Bei jeder Art von Durchfall ist darauf zu achten, daß der Hund stets warm gehalten wird.

Sind **Verstopfungen** hartnäckig, können sie sehr gefährlich werden. Es gilt besonders bei alten Hunden darauf zu achten, daß sie – wegen der stopfenden Wirkung – wenig oder gar keine Knochen bekommen. Bei einer normalen Fütterung dürfte diese Verdauungsstörung eigentlich nicht entstehen.

Weit gefährlicher sind Verstopfungen, die durch Fremdkörper im Magen-Darm-Bereich verursacht werden. Immer wieder kommt es vor, daß gerade Welpen und Junghunde mit harten unverdaulichen Gegenständen wie Steinchen, Kastanien, kleinen Hartgummibällen und Plastikteilen, eventuell auch mit Knochen und deren Splittern spielen und sie verschlucken. Diese Dinge setzen sich in Magen und Darm fest und rufen eine Verstopfung mit anschließender Entzündung hervor. Hier kann nur ein Tierarzt helfen, der den Gegenstand operativ entfernen muß. Manchmal allerdings kommt jede Hilfe zu spät.

Hunde als Opfer des Straßenverkehrs

Oft werden unsere Vierbeiner angefahren und dabei auch häufig verletzt. Hat Ihr Dackel von einem solchen Unfall nur Prellungen und Hautverletzungen davongetragen, so können Sie ihn selbst versorgen: Prellungen sind zu kühlen, Hautverletzungen können – je nach Größe – mit Wundpuder und -spray behandelt werden. Größere Verletzungen müssen Sie vom Tierarzt versorgen lassen, der selbst in schweren Fällen oft noch durch eine Operation helfen kann.

Wichtig: Bei allen verletzten Hunden ist Vorsicht geboten, denn sie stehen unter Schock, haben Schmerzen und beißen in dieser Situation einfach um sich; auch der eigene vertraute Herr kann da schon mal etwas abbekommen.

Transportieren kann man einen verunglückten Hund auf einem Sack, auf einer Decke oder einer Plane. Man legt den Hund vorsichtig seitlich darauf und trägt ihn mit Hilfe einer zweiten Person so zum Tierarzt.

Hauterkrankungen

Hier ist es – wie beim Menschen – sehr schwierig, die Ursache zu erkennen und die richtige Behandlung zu finden. Es gibt eine Vielzahl von Allergien, die zu Juckreiz und Haarausfall führen.
Hauterkrankungen, wie zum Beispiel die Räude, können durch Milbenbefall verursacht werden. In allen Fällen ist auf Hygiene zu achten.
Gelegentlich finden wir kahle Behänge und Ruten, besonders bei Kurzhaar- und Rauhhaarteckeln. Es gibt ganze Linien, die zu dieser Haarlosigkeit neigen. Die Schwäche der Behaarung kann erblich sein. Aber auch falsche Fütterung, schlechte und

unsaubere Haltung oder Milbenbefall sind häufig die Ursache kahler, haarloser Stellen.
In diesem Zusammenhang sei noch die Akanthose erwähnt, eine Hautkrankheit, die als „Elefantenhaut“ bezeichnet wird. Sie tritt vereinzelt bei Teckeln auf. Die Haut, vorwiegend an den Innenseiten der Vorder- und Hinterbeine, verfärbt sich dunkel, verhärtet und verdickt sich. Die Hunde werden von Juckreiz geplagt und beknabbern sich bis zum Wundsein. Der befallene Teckel verbreitet einen üblen Geruch. Diese Krankheit ist bis jetzt noch unheilbar, nur der Juckreiz kann mit Salben und Cortison gemildert werden.

Teckellähme

Darunter versteht man eine Lähmungserscheinung der Vorder- und Hinterhand, verursacht durch einen Bandscheibenvorfall. Der betroffene Hund zeigt zunächst ein vorsichtiges Verhalten, er springt nicht und kommt nur mühsam in den Korb. Bei bestimmten Bewegungen jammert er. In einem solchen Fall muß sehr schnell der Tierarzt aufgesucht werden. Er wird den Hund röntgen und kann feststellen, ob es sich tatsächlich um Lähme handelt oder ob eine andere Erkrankung dahintersteckt.

Wichtig: Nicht selten liegt bei den Anzeichen einer Lähme eine Nieren-Blasen-Entzündung oder eine andere Ursache wie zum Beispiel eine Erkältung vor. Eine sofortige gezielte Behandlung kann allerdings sehr schnell Linderung oder Heilung bringen.

Bei einer Lähme ist häufig nach 3 bis 6 Wochen eine Besserung, ja Heilung möglich, in jedem Fall muß der Hund warm gehalten werden.

Krebs

Diese Krankheit ist in jüngerer Zeit bei Hunden häufiger aufgetreten. Bei Hündinnen ist uns der Gesäugekrebs bekannt, bei Rüden ist der Bereich von Bauch und Hoden betroffen. Oft kommt der operative Eingriff zu spät, wenn der Krebs nicht rechtzeitig diagnostiziert wird. Bei Hündinnen sind zuerst kleine Knötchen am Gesäuge zu beobachten, die sich lange Zeit kaum vergrößern, jedoch plötzlich zu wuchern beginnen. Handelt es sich um junge Hündinnen, ist zu einem Eingriff durch den Tierarzt zu raten. Bei alten Hündinnen sollte man von einer Operation absehen, da die Belastungen zu groß sind. Entscheiden müssen aber der Tierarzt und der Besitzer gemeinsam.

Der Alltag mit dem Hund

Mit dem Dackel unterwegs

In der Regel fahren Hunde sehr gerne *im Auto,* sind damit doch Ausflüge verbunden. Nur wenige Teckel vertragen das Autofahren nicht.
Generell sollten Sie folgende Ratschläge beherzigen:

Autofahren ist schön, denn häufig geht es in den Wald zu ausgedehnten Spaziergängen. Hier ist der Langhaarteckel durch eine Matte besonders gesichert, die ihn beim scharfen Bremsen auffängt

- Kurz vor der Fahrt sollten Sie den Hund nicht mehr füttern, weil er sonst erbrechen könnte.
- Der Hund muß an einem zugfreien Platz sitzen.
- Rasantes, ruckartiges Fahren ist zu vermeiden.
- Legen Sie häufiger kleine Pausen mit Spaziergängen ein, bei denen der Hund natürlich an die Leine gehört.

Wenn Sie *mit der Bahn* fahren, dürfen Sie Ihren Hund in einer Tasche oder einer Transportkiste mitnehmen, in Schlaf- und Liegewagen aber nur, wenn Sie das ganze Abteil buchen.
Das Reisen *per Flugzeug* ist heute auch mit einem Hund kein Problem mehr. Allerdings sollte man sich vor der Buchung genau über die Transportbedingungen der jeweiligen Fluglinie informieren. Kleine Dackel bis 5 kg – also nur Zwerg- und Kaninchenteckel – darf man in einer Reisetasche als Handgepäck mitnehmen. Sie müssen aber bei der Buchung angemeldet werden, da nur eine begrenzte Zahl von Tieren zugelassen ist. Größere Dackel müssen in einer

Transportkisten, leicht und luftdurchlässig, sind für Flug- und Bahnreisen erforderlich

Transportkiste im Tiertransportraum befördert werden. Manche Gesellschaften führen in den Wintermonaten keine Tiertransporte durch.

Wichtig: Bei Reisen ins Ausland sind die jeweiligen Bestimmungen des Landes zu beachten. Einen gültigen Impfpaß brauchen Sie aber auf jeden Fall. Einige Länder haben noch immer Quarantänezeiten, hier ist das Mitnehmen von Hunden im Urlaub nicht möglich. Genaue Informationen über die geltenden Bestimmungen erhalten Sie bei den jeweiligen Botschaften oder Konsulaten.

Es gibt eine ganze Reihe von *Hotels* und *Pensionen*, die keine Tiere aufnehmen. Vielerorts wird als Aufpreis ein Tagegeld gefordert, damit man den Hund mitbringen darf. Man findet aber auch Unterkünfte, die keine Mehrkosten dafür berechnen. Selbstverständlich wird erwartet, daß sich der Vierbeiner gut benimmt. Es gibt Broschüren, in denen Hotels und Pensionen aufgeführt sind, wo man mit Hund gern gesehen ist.
Auf *Campingplätzen* gilt die jeweilige Platzordnung. Rücksichtnahme auf die anderen Campingplatzbesucher sollte dabei für jeden Hundebesitzer selbstverständlich sein.

Teckel entlaufen – was nun?

Auch bei sorgfältiger Tierhaltung ist es möglich, daß ein Dackel entläuft. Diese Gefahr besteht besonders auf Jagden, wenn ein junger, unerfahrener Hund eingesetzt wird, der sich bei der Verfolgung des Wildes zu weit

Unser Tip

Ein kleines Täschchen an der Halsung, das die Anschrift des Besitzers und Telefongeld enthält, erhöht die Chance, daß ein entlaufener Hund zurückgebracht wird.

von seinem Führer entfernt oder bei der Stöberarbeit nicht zu ihm zurückfindet.
Was Sie tun können, damit Sie Ihren vierbeinigen Freund möglichst schnell wiederbekommen, darüber informiert Sie die Checkliste auf Seite 84.
Ein Hund, der längere Zeit herumirrt, verwildert leicht, ist scheu, läßt sich nicht anfassen und erkennt den Besitzer zunächst nicht. Ruft man ihn allerdings mit dem gewohnten Pfiff, den vertrauten, beruhigenden Worten, so gewinnt er wieder Vertrauen und läßt sich anleinen.

Wichtig: Hunde, die mehrere Tage fort waren, müssen zunächst auf Verletzungen untersucht werden. Mit der Fütterung vorsichtig beginnen, öfter kleine, leichte Portionen reichen. Eventuell zur Kontrolle einen Tierarzt aufsuchen.

Der Hund wird sich sehr schnell wieder zu Hause wohl fühlen. Zum Abschluß sei gesagt: auf Spaziergängen im Wald und Feld gehört der Hund an die Leine.

Unser Tip

Hilfreich sind Warnhalsungen mit eingeschriebener Adresse, die im Dunklen leuchten.

Beißerei

Mit wenigen Ausnahmen vertragen sich Teckel, die zusammenleben, sehr gut. Gelegentlich kommt es aber – besonders bei der Haltung mehrerer Teckel – trotzdem zu Beißereien untereinander, und zwar meistens unter Artgenossen gleichen Geschlechts. Häufig sind es Kleinigkeiten, die die Streiterei auslösen: ein Knochen, den beide haben wollen, eine Drängelei beim Aus-der-Tür-Stürmen oder das Fehlen der Lust zum gemeinsamen Spiel. Anders verhält es sich allerdings, wenn mehrere Hunde an ein frisch erlegtes Stück Wild kommen – hier verteidigt der erste Hund seine Beute bedingungslos.
Die Rüden sind vor Eintritt der Hitze bei einer Hündin leichter reizbar und neigen zur Rivalität. Ist zwischen zwei Teckeln eine Beißerei entstanden, so sind zuerst allenfalls vorhandene übrige Hunde festzusetzen, denn die Gelegenheit zum Mitmachen ist günstig. Sind gar drei Teckel miteinander in Streit geraten, muß man unbedingt einen davon aus dem Knäuel herausbekommen, damit nicht zwei gegen einen kämpfen. Rufen und Schlagen hilft nichts, die Streiter sind blind und taub vor Wut. Schläge werden als vom Gegner verteilt ge-

Checkliste ***Was tun, wenn der Teckel entlaufen ist?***

- *Decke oder Jacke an die Stelle legen, an der der Hund geschnallt wurde oder abhanden kam*
- *Information an Revierinhaber, Jäger, Polizei und Tierheime in der Umgebung geben*
- *Suchanzeige (Täto – Nr., Beschreibung des Hundes, Belohnung, Adresse und Telefon – Nr.) in der örtlichen Presse schalten.*
- *Anschläge in Geschäften, auch an Bäumen und Zäunen anbringen – dabei das Umfeld nicht zu sehr begrenzen, denn Teckel können mehrere Kilometer laufen.*
- *Die Suche nicht zu schnell aufgeben, nicht selten tauchen die Ausreißer nach mehreren Tagen wieder auf.*

wertet. Der Versuch, die Hunde mit Geschick und ohne Gewalt zu trennen, endet oft mit Bißverletzungen beim Schlichter. Auch mit dem Wasserschlauch oder mit einem Guß kaltem Wasser ist erfahrungsgemäß nichts auszurichten.

Wichtig: Ziehen Sie ineinander verbissene Hunde nicht auseinander! Das führt zu Reißverletzungen.

Die Hunde müssen nun unbedingt getrennt bleiben. Nach wenigen Minuten haben sich die Wogen geglättet. Die Teckel werden jetzt auf mögliche Verletzungen untersucht und allenfalls entsprechend behandelt, und danach müssen beide „Kampfhähne" zusammen in einen Korb. Natürlich muß man dabeibleiben, aber schon nach kurzer Zeit beginnen die Dackel, sich gegenseitig zu belecken, und der Streit ist begraben.
Werden verfeindete Teckel getrennt und vielleicht erst nach einem oder mehreren Tagen wieder zusammengelassen, so kann die Feindschaft derart tief verwurzelt sein, daß sie sich nie mehr vertragen.
Bei Beißereien zwischen einem frei herumlaufenden und einem an der Leine geführten Hund ist der angeleinte immer der Unterlegene und reizt den Artgenossen zum Angriff. Wenn möglich, sollte man ihn in dieser Situation freilassen, oft hört der Kampf dann recht bald von allein auf.

Teckel sind erfinderisch im Fädenziehen! Um den Heilungsprozeß nicht zu stören, bekommen die Hunde eine Plastikmanschette um den Hals. So können sie die Wunden nicht auflecken

Bißwunden richtig versorgen

Möglicherweise sind die Raufer verletzt; so können sie entweder vom Fangzahn verursachte relativ kleine, aber tiefe Bißwunden, die sich unter Umständen leicht entzünden, oder – besonders am Kopf, unter den Augen und an den Behängen – Reißwunden abbekommen haben. Größere Verletzungen sollte man auf jeden Fall immer vom Tierarzt behandeln lassen.

Wenn der Dackel alt wird, …

Nach 12 bis 14 Jahren ist aus dem ehemals munteren Teckel ein älterer oder alter Hund geworden, dem man einen angemessenen Lebensabend bereiten sollte. Der Alterungsprozeß vollzieht sich unterschiedlich schnell, er richtet sich danach, wie stark der Teckel in seinem Leben beansprucht wurde, zum Beispiel als Jagd- oder als Zuchthund. Es gibt Dackel, die mit 10 bis 12 Jahren Greise sind oder dieses Alter gar nicht erst erreichen, andere werden 16 bis 18 Jahre alt. Die durchschnittliche Lebenserwartung mag wohl bei 12 Jahren liegen.
Alte Teckel verhalten sich im allgemeinen ruhiger, sie sind abgeklärter, werden manchmal sogar wunderlich. Sie sind aber auch erfahrener, was sich besonders bei der Jagd bemerkbar macht. Selbstverständlich dürfen sie nicht mehr so intensiv eingesetzt werden, vor allem nicht für die Bauarbeit.
Eine Zuchthündin, die gute Würfe zur Welt gebracht hat, sollte man nach dem 8. Lebensjahr nicht mehr Mutter werden, sondern sie noch sorglos ihr Leben genießen lassen.
Alte, allein gehaltene Teckel leben oft geradezu auf, wenn sie einen jungen Hund als Partner bekommen. Sie beginnen wieder fröhlich zu spielen, sind viel aufmerksamer, fressen wieder besser und können viel längere Spaziergänge machen.
Ein alter Teckel wird aber nicht nur ruhiger, sondern auch seine Belastbarkeit hat Grenzen, und seine Sinnesorgane lassen häufig erheblich nach. Die Verdauung funktioniert nicht mehr so gut, deshalb sollte man dem alternden Hund nur noch leichtverdauliche Kost verabreichen, eventuell in kleineren Portionen, dafür 2 bis 3 mal täglich. Er muß öfter nach draußen, hält nachts manchmal nicht mehr durch oder ist nicht mehr sicher

Unser Tip

Zeichnet sich das sichere Lebensende Ihres alten Dackels ab und möchten Sie nach seinem Tod wieder einen jungen haben, so sollten Sie diesen Nachfolger bereits jetzt ins Haus holen.

Noch in gutem Zustand zeigt sich dieser Langhaarteckel. Mögen ihm und seinem Besitzer noch einige gesunde Jahre beschieden sein

stubenrein. Ein alter Hund benötigt wesentlich mehr Wärme.

Das alles sind Erscheinungen und Mehrbelastungen, über die der Besitzer informiert werden sollte, und zwar schon beim Erwerb seines Teckels, damit er sich später nicht der Verpflichtung dem Tier gegenüber entzieht.

Bei jedem Hund kommt einmal die Stunde des Abschieds – beim einen plötzlich und viel zu früh, bei einem anderen kündigt sie sich lange vorher an. Viele Dackel fallen vorzeitig einem Unfall im Straßenverkehr, und manche auch einem bei der jagdlichen Betätigung zum Opfer, doch die Regel ist wohl der altersbedingte Tod. Der Mensch hat es in der Hand, seinem Hund ein qualvolles Ende zu ersparen. In jedem Fall sollte man den Teckel in der Stunde des Abschieds nicht allein lassen, zumindest so lange nicht, bis die Betäubung einsetzt. In der Erinnerung wird der Teckel nicht alt und krank sein, sondern stets der muntere, anhängliche Begleiter seines Herrn bleiben.

Auf Zuchtschauen und Ausstellungen

Eine Zuchtschau gilt ausschließlich der Formbewertung des Teckels; hier geht es nur um Schönheit. Die Zuchtschau findet regional statt und wird von den örtlichen Gruppen des Deutschen Teckelklubs organisiert. Spezialschauen werden von den DTK-Gruppen und der Arbeitsgemeinschaft des zuständigen Landes durchgeführt, internationale Ausstellungen (CACIB-Zuchtschau) dagegen vom VDH (Verband für das Deutsche Hundewesen) in Zusammenarbeit mit den einzelnen Rassehundeverbänden.

Er kann sich sehen lassen

Bei *Zuchtschauen* wird der Teckel auf zuchtausschließende Fehler, wie Gebißfehler, unkorrekte Kieferstellung und fehlende Zähne, Rutenfehler wie Knickrute, Hodenfehler und eine zu kurze oder abgesetzte Brust, untersucht. Danach bewertet der Richter den Teckel in der Bewegung im Stand. Ist der Teckel korrekt und entspricht er dem Zuchtziel und der Norm des Deutschen Teckels, so erhält er einen Formwert; die Abkürzungen bedeuten:

- v = vorzüglich
- sg. = sehr gut
- gt. = gut
- gd. = genügend

Bei einer *Spezialschau* oder einer *Ausstellung* gelten hingegen etwas strengere Maßstäbe. Hier findet man in der Regel besseres Hundematerial. Im Unterschied zur Zuchtschau laufen hier die Teckel einer Gruppe in Konkurrenz, das heißt, sie werden rangiert.

Das richtige Alter

Ein Teckel, der auf einer Schau vorgeführt werden soll, muß ausgewachsen sein. Er soll durchgezahnt haben und vor allem in gutem Allgemeinzustand sein. Hier sei noch einmal erwähnt, daß ein Teckel etwa bis zum 9. Monat wächst, seine Entwicklung aber bis zum 15. bis 18. Monat dauert. Es gibt sogenannte Frühentwickler, die mit 12 Monaten, und andere, die erst mit gut 1 1/2 Jahren voll entwickelt sind.

Im Alter von 9 bis 15 Monaten kann der Teckel einen Formwert bekommen, die Formbewertung, die ihn zur Zucht zuläßt, erhält er nach dem vollendeten 15. Lebensmonat.
Wer seinen Hund schon früher zeigen will, der kann ihn in der jüngsten Klasse, der für 6 bis 9 Monate alte Teckel, führen. Die Bewertung lautet „vielversprechend" oder „versprechend" oder aber „wenig versprechend".

Unser Tip

Gehen Sie mit Ihrem Dackel erst zu einer Schau, wenn die Wachstums- und Entwicklungsphase abgeschlossen ist.

Fröhlich schaut er drein; für die Ausstellung ist er zwar noch zu jung, aber später ...

Vorbereitungen

Mit einer etwas intensiveren Pflege beginnt man nicht erst wenige Tage vor dem Termin, sondern frühzeitig. Der allgemeine Fütterungszustand ist schon einige Wochen zuvor in Augenschein zu nehmen, das Haar muß gepflegt und glänzend sein. Hunde, die im Haus gehalten werden, ein sauberes Lager haben und dazu gut gefüttert werden, haben eigentlich immer glänzendes Haar. Man kann aber hier noch 2mal wöchentlich mit einem Eigelb nachhelfen.
An den Zähnen darf sich kein Zahnstein befinden, die Krallen sind kurz zu halten, und der Teckel muß insgesamt bei guter Kondition sein.

Für den *Kurzhaarteckel* ist bei der Vorbereitung für die Schau nichts zu tun, bei ihm gibt es nichts zu zupfen und zu scheren, vielleicht kann er gebürstet werden. Bei ihm läßt sich aufgrund der kurzen Behaarung allerdings durch geschickte Frisur auch nichts verdecken.
Bei den *Rauhhaarteckeln* muß man das Haar überprüfen und herrichten. Das alte, stumpfe Haar zupft man heraus oder trimmt es neu, unter dem Bauch und an den Pfoten muß zu üppiges Haar entfernt werden. Auch an bestimmten Stellen auf dem Rücken kann zu starker Haarwuchs zu Fehleindrücken führen.
Der *Langhaarteckel* muß ohnehin regelmäßig gebürstet werden, besonders aber vor einer Schau. Bei ihm wird nur das zu üppige Haar an den Pfoten und zwischen den Zehen geschnitten. Die Pfoten dürfen nicht zuwachsen, sondern müssen klar erkennbar sein.

Unser Tip

Frisieren bzw. trimmen Sie Ihren Rauhhaardackel nicht erst wenige Tage vor der Schau, sondern bereits mindestens 6 Wochen vorher!

Vorführung

Beim Besuch einer Ausstellung oder einer Schau hat die Ringdressur, das heißt das Benehmen und Sichzeigen im und am Vorführring, besondere Bedeutung. Das Benehmen beginnt schon beim Warten, bis der Führer mit seinem Teckel an der Reihe ist. Hier hat der Hund sich ruhig zu verhalten, er darf nicht nach allen Seiten um sich bellen und beißen. Bei der eigentlichen Vorführung muß er sich zunächst vom Richter auf zuchtausschließende Fehler untersuchen lassen und dabei still halten:

- Das Gebiß wird auf Vollständigkeit und korrekte Zahnstellung geprüft
- Die Brust soll langaufgerippt sein
- Bei den Rüden müssen zwei Hoden vorhanden sein
- Die Rute darf keine Deformation aufweisen

Diese Kontrolle wird auf einem Tisch durchgeführt. Danach wird der Hund im Ring gezeigt und vom Richter in der Bewegung und im Stand beurteilt. Erwartet wird flottes, gerades Laufen, wobei der Teckel sich immer links vom Führer und an der Innenseite des Ringes zu bewegen hat. Ein korrekter Stand, bei dem der Teckel auf allen vier Beinen gerade stehen muß,

Stolz präsentiert sich der Typ eines Zwingers „vom Rauhenstein"

ist nur auf ebener Fläche möglich. Vermittelt der Hund keinen guten Eindruck, korrigiert man das, indem man mit ihm einen Schritt oder auch ein kleines Stück weitergeht.

Wichtig: Bei großen Schauen mit starker Konkurrenz kann ein richtiger Stand entscheidend sein.

Ein Teckel, der sich nicht richtig zeigt, wird auch vom Richter eine Note erhalten, die unter seinem eigentlichen Wert liegen kann.
Auf großen internationalen Ausstellungen sind für die Hunde Käfige vorgesehen, in denen sie sich aufhalten sollen, wenn sie nicht am Ring sind, denn der Besucher möchte die Tiere sehen. Ist ein Teckel im Käfig – in den eine warme, leicht zu säubernde Unterlage gehört –, sollte man ihn nie unbeobachtet lassen, sondern ihm das Gefühl geben, ganz für ihn da zu sein.

Wichtig: Der Hund muß sich vor dem Auftritt im Vorführring an die Umgebung gewöhnt haben.

Bei der Rückkehr von einer Ausstellung und noch vor Betreten der eigenen Wohnung muß der Hundebesitzer sowohl sein Tier als auch sich selbst reinigen und desinfizieren, besonders dann, wenn zu Hause noch weitere Hunde warten.
Und noch ein wohlgemeinter Rat zum Schluß: Hat man seinen Teckel vorgestellt und erhält nun nicht den gewünschten Formwert, so ist es schlechter Stil, seinem Unmut laut Luft zu machen. Richter sind auch nur Menschen! Der eigene Hund bleibt immer der schönste und beste, ob mit „vorzüglich" oder mit „genügend". Als Devise gilt: „Nur wer lachend verlieren kann, kann auch einen Sieg verkraften!" Das bezieht sich auf Ausstellungen und Prüfungen gleichermaßen.

Anhang

Glossar für die jagdlichen Ausdrücke

abdocken: den Schweißriemen abwickeln

abgeschiebert: Fuchs und Hund sind im Bau durch einen Schieber (Metallgitter) voneinander getrennt

ablegen: den Hund sich setzen lassen

Ansitz: sitzend auf das Wild warten

befahrener Bau: bewohnter Bau

Drückjagd: Jagdart, bei der das Wild aus der Dickung getrieben wird

Einschlag: den Fuchs ausgraben

Fährte: die Witterung, die ein Stück Schalenwild (Rehe, Rotwild und Schwarzwild) hinterläßt

Geläuf: die Witterung, die von Vögeln hinterlassen wird

im Feuer liegen (Wild): im Schuß zusammenbrechen

Jagdhorn: Hörner, auf denen zur Verständigung während der Jagd Signale geblasen werden

lang aufgerippt: die losen Rippen sollen in einem nach oben hinten gezogenen Bogen auslaufen

Laut geben: auf der Spur oder Fährte bellen

Laut haben: der Jagdhund gibt dem Bellen ähnliche Laute von sich, an denen man oft sogar die Art des Wildes erkennen kann, das er verfolgt; auch „Hetzlaut“ genannt

schleppen: weiterziehen

schliefen: kriechen, in den Bau einfahren

schnallen: den Hund frei laufen lassen

Schweiß: Blut

sprengen: den Fuchs zum Verlassen des Baues bringen

Spur: die Witterung, die zum Beispiel Hasen, Kaninchen oder Füchse beim Laufen hinterlassen

verklüftet: der Fuchs ist für den Hund nicht erreichbar

Wichtige Anschriften

Deutschland
Deutscher Teckelklub e. V.
1888 (DTK)
– Geschäftsstelle –
Postfach 100362
47003 Duisburg
Tel.: 0203/330005
Fax: 0203/330007

Verband für das Deutsche
Hundewesen (VDH)
Westfalendamm 174
44041 Dortmund
Tel.: 0231/56500 – 0
Fax: 0231/592440

Jagdgebrauchshundeverband
(JGHV)
Geschäftsstelle
Dr. Lutz Frank
Neue Siedlung 6, 15938 Drahndorf
Tel.: 035453/215

Österreich
Österreichischer
Kynologenverband (ÖKV)
Johann-Teufel-Gasse 8
A-1238 Wien
Tel.: 01/88870920

Österreichischer Dachshundeclub
Geschäftsstelle
Beheimg. 62, A – 1170 Wien
Tel.: 01/4857638

Schweiz
Schweizerische Kynologische
Gesellschaft (SKG)
Länggasstraße 8, CH-3012 Bern
Tel.: 031/3015819

Literaturangaben

Engelmann-Bandel:
Der Dachshund
Verlag Neumann-Neudamm,
Morschen-Heina 1981[4]

Flückiger, Fritz:
Dachshund. Kurz-, Lang- und
Rauhhaardackel
Müller Rüschlikon, Cham – 1994

Herrmann, Wulf:
Der Dackel
Parey, Hamburg 1992[7]

Lux, Hans:
Der Jagdteckel
Parey, Hamburg 1984[5]

Martin, Wolfram:
Jagen mit dem Teckel
Parey, Hamburg 1993

Ransleben, Wolfgang:
Teckel, Dackel, Dachshund
Kynos, Mürlenbach 1992

Schmidt-Duisberg, Kurt:
Dackel
Franckh-Kosmos, Stuttgart 1991

Register

Halbfette Seitenzahlen verweisen auf eine ausführliche Erläuterung des Begriffs.

Zum Thema „Hunde" sind im FALKEN Verlag bereits zahlreiche Titel erschienen.

Dieses Buch wurde auf chlorfrei gebleichtem und säurefreiem Papier gedruckt.

Bei diesem Buch handelt es sich um eine überarbeitete und neugestaltete Ausgabe des bereits unter dem Titel „Dackel, Teckel, Dachshunde" (Nr. 1079) erschienenen Buches.

Die Deutsche Bibliothek – CIP-Einheitsaufnahme

Wein-Gysae, Marianne:
Dackel : Auswahl, Haltung, Erziehung, Pflege /
Marianne Wein-Gysae. – Niedernhausen/Ts. : FALKEN, 1997
ISBN 3-8068-1756-1

ISBN 3 8068 1756 1

Umschlaggestaltung: Peter Udo Pinzer
Layout: David Barclay, Neu-Anspach
Redaktion: Dr. Gabriele Schweickhardt
Titelbild und Umschlagrückseite: Christine Steimer, Wölfersheim
Fotos: Bildagentur IPO, Linsengericht/Altenhaßlau: S. 68 re.; **Deutscher Teckelklub e. V.,** Duisburg: S. 60, 77, 78, 91; **Christine Steimer,** Wölfersheim: S. 1–10, 13, 15, 18, 20–27, 31 o., 32, 33, 35, 38–49, 51–55, 58, 63, 64 o., 65 o., 66, 67, 69, 71, 73, 76, 81, 82, 83 o., 85, 87–89; **Marianne Wein-Gysae,** Ebstorf: S. 31 u., 50, 56, 61, 65 u., 83 u.; **Uschi Wilkens,** Bispingen: S. 16; **FALKEN Archiv/T. + E. Creative Fotograf,** Frankfurt: S. 68 li.; **Grauel & Uphoff:** S. 12, 29; **Steimer:** S. 64 u.
Zeichnungen: Gabriele Hampel, Kelkheim: S. 74; Zeichnung Stammbaum, S. 8: **Thomas Riemann;** Zeichnung: Dachshunde bei der Arbeit, S. 7: aus **„La Vénerie du Jacques du Fouilloux";** alle übrigen Zeichnungen: **Andrea Salisch,** Wiesbaden

Satz-/Lithobearbeitung: DM-SERVICE Mahncke & Pollmeier oHG, Rodgau
Druck: Druckhaus Cramer, Greven

817 2635 4453 6271